Gertje Graef

# Die Unbekannten

Gertje Graef

# Die Unbekannten

## Ein ostdeutsches Dorf und seine Frauen

Quintus

Die Texte dieses Buches sind entstanden im Rahmen einer Dorfresidenz des Kulturlandbüros. Das Kulturlandbüro ist ein Projekt des schloss bröllin e. V. und wird gefördert in TRAFO – Modelle für Kultur im Wandel, einer Initiative der Kulturstiftung des Bundes, mit Mitteln zur kulturellen Projektförderung und des Vorpommern-Fonds des Landes Mecklenburg-Vorpommern, des Landkreises Vorpommern-Greifswald, der Ostdeutschen Sparkassenstiftung und der Sparkasse Uecker-Randow.

Gefördert in

1. Auflage 2023

Binzstraße 19, 13189 Berlin
www.quintus-verlag.de

Einbandgestaltung: Oda Ruthe, Braunschweig
Einbandmotiv: © Tim Blümel
Satz und Gestaltung: Ralph Gabriel, Berlin
Druck und Bindung: Finidr, s.r.o., Český Těšín

ISBN 978-3-96982-073-5

*für müller und die gute gabi*

## Vorwort

Ein halbes Jahr habe ich in einer Gemeinde in Ostdeutschland nahe der polnischen Grenze verbracht und Geschichten gesammelt. Es sind Geschichten von Frauen diesseits und jenseits der Wendezeit, diesseits und jenseits der Geschlechtergrenzen. Bei zahlreichen Tassen Kaffee durfte ich ganz unterschiedliche Menschen kennenlernen und bin mit ihnen noch einmal einzelne Lebensstationen abgeschritten. Ich habe mit ihnen über Kindheit, Familie, Mutterschaft und ihre Arbeit gesprochen, über Ängste, Hoffnungen und Pläne. Mein Interesse galt dabei dem Gängigen, dem Normalen. Dabei hat mich die Frage umgetrieben, wie sich eine Frau auf dem Land, in der dörflichen Gemeinschaft, über die Zeitläufte hinweg zurechtfindet, von der Nachkriegszeit in Ostdeutschland über die DDR bis hin zu den ökonomisch schwierigen Nachwendejahren und dem Neoliberalismus von heute, der wieder ganz andere Fähigkeiten verlangt. Es sind vierundzwanzig Porträts von ganz unterschiedlichen Lebensentwürfen entstanden, die doch von einem geprägt sind: von dem Leben mit und nahe der Natur, in einer Region an der deutsch-polnischen Grenze, über die Kleist vor über zweihundert Jahren schrieb: „Es scheint als ob dieser ganze nördliche Strich Deutschlands von der Natur dazu bestimmt gewesen wäre, immer u. ewig der Boden des Meeres zu bleiben, u. daß das Meer sich gleichsam nur aus Versehn so weit zurückgezogen, u. so einen Erdstrich gebildet hat, der ursprünglich mehr zu einem Wohnplatze für Wallfische u. Heringe, als zu einem Wohnplatze für Menschen bestimmt war."*

* Heinrich von Kleist an Wilhelmine von Zenge, 20. August 1800, zitiert nach http://kleist-digital.de, Brief Nr. 13.

# „Ebbe und Flut gab es nur im kapitalistischen Ausland“

Karin sitzt mit stoischer Gelassenheit im Stimmengewirr der Dorffrauen, als ich ihr zum ersten Mal begegne. Es ist der Tag der Vollversammlung der Volkssolidarität. Karin ist die Vorsitzende, und ich komme zu spät, komme erst zu Punkt zwei der Tagesordnung: „Geselliges Beisammensein bei Kaffee und Kuchen“ in den holzgetäfelten Bürgersaal, in dem alle älteren Frauen des Ortes versammelt sind. Die Volkssolidarität hat sich über das Ende der DDR hinweg als Organisation, die sich um die Belange älterer Menschen kümmert, bis in die heutige Zeit erhalten, und ich merke, wie ich in diesem Raum in Jahrzehnte DDR-Frauengeschichte eintauche. Zwischen den Dorfältesten, die wie Stammesführerinnen die Köpfe zusammenstecken und argwöhnisch zu mir herüberblicken, fühle ich mich wunderbar verloren. Ich bin auf Weltreise in dem Land, das ich so gut zu kennen glaube wie kein zweites.

Karin sitzt nicht nur dieser Versammlung vor, sie leitet als ehemalige Lehrerin auch die Handarbeitsgruppe der Volkssolidarität, und als ich anbiete, den nächsten Kuchen für diese Gruppe zu backen, um mit den Frauen ins Gespräch zu kommen, antwortet sie prompt: „Das ist ein Wort!“ und grinst breit. Ich bin mir einen Moment lang nicht sicher, ob dieses Grinsen wirklich Vorfreude ausdrückt. Eine Bekannte rät mir, es mit dem „LPG-Kuchen“ zu versuchen – ein einfaches Rezept: „Das schaffst sogar du!“ –, der im Dorf noch immer sehr beliebt ist, nicht zuletzt wegen des hohen Alkoholgehaltes. „Während ich westdeutsche Butterkekse in ostdeutschen Cognac tunke, denke ich, dass Karin ein Gesellschaftsmensch ist. „Na, der Boden ist ganz gut …", sagt sie fachmännisch, als ich mein Nostalgie-Gebäck den Dorfdamen vorsetze. Immerhin. Ich bin drin, darf jetzt ein wenig dem Dorftratsch lauschen. Karin leitet uns beim Sticken von Weihnachtssternen an. „Zwei nach rechts, dann wieder zwei nach oben." – „Wie nochmal?" Es geht langsam voran, alle kichern und genießen das gemeinsame Arbeiten. Karin hat eine Engelsgeduld. Denn das, was sie hier macht, ist schon seit Jahrzehnten ihre Sache: eine Gruppe anleiten. Schnell kommt Karin bei unserer Stickarbeit ins Erzählen. Sie hat einen schwierigen Weg hinter sich, denn nach der Wende konnte sie als Lehrerin ihr Hauptfach, Russisch, nicht mehr unterrichten, musste mit vierzig eine neue Sprache lernen: Englisch. Jetzt ist sie in Rente und hat sich wieder neue, aber nicht ganz neue Aufgaben gesucht.

Aufgewachsen ist Karin in einem kleinen Dorf ganz in der Nähe. Der Vater war Zimmermann, immer unterwegs. Sie war Einzelkind. Ihre Mutter blieb daheim und zog die kleine Karin groß, kümmerte sich um das Vieh. Das Erste, was ihr zu ihrer Familie einfällt, ist ein Text. Sie hatte für die Schule eine „Darstellung der persönlichen Entwicklung" geschrieben und darin erwähnt, wie wichtig ihr der Vater als Bezugsperson sei, dass er ihr immer in Mathematik helfe und dass er sich so gut um sie kümmere. „Meine Mutter war außer sich. Schließlich hatte *sie* die ganze

Arbeit mit mir!“ Der Haussegen hängt eine Weile schief. Der Vater ist Karin ihr Leben lang ein Vorbild mit seiner ruhigen, gelassenen Art, die Beziehung zu ihm immer eine besondere. Noch als die Mutter später längst verstorben ist, erbittet der einsame Mann ihren Segen, bevor er eine neue Beziehung eingeht, erinnert sie sich: „Sall ick me woll noch ees ’n Fru söken?“, fragt er. Sie erinnert sich auch an den Großvater, der zu ihr in jungen Jahren sagt: „Mäken, leern’n müsst du so lang, as de jung büst.“ Das prägt sich ihr ein. Sie will unbedingt ihr Abitur schaffen und dann zur Universität gehen. Lehrerin ist damals ein typischer Beruf für Mädchen mit Abitur, und so bewirbt sich auch Karin an der Humboldt-Universität zu Berlin. „Erst habe ich mich für Kunstpädagogik beworben. Wir sollten das Pergamonmuseum von hinten zeichnen, das konnte man durch das Fenster sehen. Das ist immer noch mein Alptraum: das Pergamonmuseum von hinten! Ich habe Stunden an dem Dekor herumgezeichnet und dabei das Gebäude ganz vergessen.“ Karin lacht. Sie entscheidet sich schließlich für Geografie im Haupt- und Russisch im Nebenfach. Mit sogenannten Essensgeldturnschuhen, weil sie so billig waren, und im Sommermantel steht Karin im Herbst 1971 vor der Humboldt-Universität in Berlin-Mitte. „Ich war so pflastermüde in den ersten Tagen, das kann man sich nicht vorstellen“, sagt sie. Das Studentenwohnheim, in dem sie untergebracht ist, liegt in Biesdorf, eine Stunde mit S-Bahn und Bus von der Uni entfernt. Für das Einzelkind ist das Leben mit vier Frauen auf engstem Raum in Doppelstockbetten nicht ganz einfach. Ob sie in den Rausch der Großstadt gelangt ist? „Ich denke, dass die anderen schon viel Spaß hatten, aber ich habe ja ziemlich früh mein erstes Kind bekommen." Karin ist eines Tages ganz elend. „Wir wollten im Fach Physische Geografie eine Exkursion zu den Endmoränen beim Kloster Chorin machen. Aber ich habe mich den ganzen Morgen übergeben ..." – „Fräulein Stenzel, kann es sein, dass sie schwanger sind?", sagt die Ärztin, als sie mit ihrer Mutter in der Praxis steht. Jetzt ist ihr alles klar. Wird sie eine von diesen Müttern werden, die ihr Kind vor dem Hörsaal parken und dann in die Vorlesung huschen? Das kam für sie überhaupt nicht infrage. Ihr Vater ist so enttäuscht von seiner Tochter, dass sie ein Vierteljahr nicht miteinander reden. „Da war Funkstille. ‚Hast mich ja auch nicht aufgeklärt!', würde ich heute zu ihm sagen. Aber damals ..." Sie liest als junges Mädchen in *Wie sag ich's meinem Kinde*. Das ist alles an sexueller Aufklärung. „Später gab es die Pille, Abtreibungen waren möglich, die ganze Familienplanung lief anders, aber zu meiner Zeit war es ziemlich prüde." Karin bleibt mit ihren Sorgen aber nicht allein. Sie erhält von ihrer Mutter die Zusage, dass sie sich um den Säugling kümmern wird, wenn Karin in die Vorlesung geht. In der Nacht, als ihr erster Sohn zur Welt kommt, schaut sich Karin stundenlang den Vollmond an und hofft, dass sie das alles schaffen wird. Auch mit Kind.

Die junge Mutter zieht ihr Studium mit Unterstützung der Mutter durch. Montag bis Freitag ist sie in Berlin, das Wochenende verbringt sie mit ihrem Sohn auf dem Dorf. Sie schafft alle Seminare und Prüfungen, nur in Russischer Phonetik fällt sie durch. Sie kann die Vorlesungen nicht besuchen, weil sie montags immer in die Kinderklinik nach Greifswald muss, da ihr Sohn an einer Augenentzündung leidet. „Das hieß: Kind warm einpacken und rauf auf den Schlitten. Dann durch den Tiefschnee zum Bahnhof und mit dem Zug nach Greifswald." Das Kind schreit, weil die Ärzte den Tränen-Nasen-Gang durchspülen müssen. Für Karin sind diese Tage unerträglich. „Einmal fuhr kein Zug. Da durften wir mit einem Krankenwagen mitfahren, der auch Psychiatriepatienten beförderte. Einer der Patienten flüchtete in Greifswald aus dem Wagen. Wir haben stundenlang darauf gewartet, dass er wiedergefunden wurde. Es war kalt, die Milchflasche war leer und mein Kind schrie wie am Spieß." In der Not findet sie ein Geschäft, das ihr Babysaft verkauft, den es nur unter dem Ladentisch gibt, und ein paar Kekse. So halten sie die lange Strecke bis ins Dorf irgendwie durch. „Ein schlimmer Tag." Es schüttelt Karin immer noch.

Sie zieht 1975 mit ihrer Familie ins Dorfzentrum. „Klein und fein, aber mein!" Das war ihr erstes Haus, bei dem die Männer aus der Fußballmannschaft bei der Renovierung mithalfen. Schnell wird es ganz behaglich in dem neuen Heim an der Dorfstraße. Ihr Mann arbeitet in der Abteilung für Pflanzenproduktion in der örtlichen LPG, sie unterrichtet an der kleinen Dorfschule Russisch und Geografie. Die Schule kommt ihr nach der Zeit in Berlin hinterwäldlerisch vor. „Der Schulleiter hinkte und sein Stellvertreter sprach ganz langsam." Karin lacht. „Es gibt doch diesen Spruch von Bismarck: ‚Wenn die Welt untergeht, so ziehe ich nach Mecklenburg, denn dort geschieht alles fünfzig Jahre später.' So kam es mir vor. So rückständig." Die Uni-Absolventin arbeitet sich schnell ein, kommt gut zurecht mit den Kindern, den Eltern, den Kolleginnen und Kollegen. Nach einem Jahr kann sie schon zur stellvertretenden Schulleiterin aufsteigen. Als Verantwortliche für außerunterrichtliche Tätigkeiten arbeitet sie eng mit den Betrieben im Ort zusammen und stellt viele Arbeitsgemeinschaften auf die Beine. Man kann jetzt in der kleinen Dorfschule Theater spielen, Singen, Werken und sogar Voltigieren. „Es war eine richtig heile Welt. Man kannte nicht nur die Eltern der Schüler, man kannte auch Opa, Oma, Hund und Katze." Wenn ein ernstes Gespräch ansteht, ist sie mit ihrem Moped noch vor dem Schulbus bei den Eltern zu Hause. „Der Umgang war von Respekt geprägt. Anders als heute", findet Karin. „Wenn die Wende nicht gekommen wäre, hätte ich mein ganzes Arbeitsleben dort verbracht." Sie erinnert sich aber auch an schwierige Situationen. Daran, dass sie in der Lehrerversammlung gemaßregelt wird, weil sie sagt, dass fünf ihrer Schüler das Leistungsziel nicht erreicht haben und eigentlich sitzen bleiben müssten. „Aber das war nicht gewollt. Sozialistisch erzogene Kinder bleiben nicht sitzen. ‚Da müssen sie ihr pädagogisches Fachwissen besser einbringen!', haben die mich zurechtgewiesen." Hatte sie in der DDR als Geografielehrerin nicht auch das Bedürfnis, mehr und auf größere Distanzen zu reisen?, will ich von ihr wissen. Sie wollte immer Ebbe und Flut sehen, erklärt sie. „Aber das gab es ja nur im kapitalistischen Ausland." Heute klingt das skurril. Damals hat es sie gestört, den Schülerinnen und Schülern ein Phänomen erklären zu müssen, das sie selbst nie mit eigenen Augen gesehen hatte: die Gezeiten. Immerhin konnte sie ein paar längere Reisen Richtung Osten machen, was sicher auch daran lag, dass ihr Mann zum Parteisekretär aufstieg. Sie fuhren in einem sogenannten Freundschaftszug zu den Olympischen Spielen 1980 nach Moskau. „Du musstest natürlich politisch sattelfest sein", erklärt sie. Es war eine aufregende Reise in diesen heißen Sommertagen. Überall in der sowjetischen Hauptstadt war Miliz unterwegs. Die ganze DDR-Truppe aus Vorpommern ging im Park in einem Ententeich baden und bekam Schwierigkeiten mit den Ordnungshütern. Sie erinnert sich, wie sie mit ihrem Russisch, das sie bis dahin wenig in der Praxis erprobt hatte, aushelfen musste. Es folgte ein zweiter Badeversuch in einem öffentlichen Schwimmbad. Hier wurde ordnungsgemäße Badebekleidung an die Brüder und Schwestern aus dem sozialistischen Bruderstaat ausgegeben. „Pumphosen für die Männer und ein Oberteil für die Frauen, das bei jedem Sprung ins Wasser bis auf die Hüften rutschte. Wir haben nur gelacht!" Und die Olympischen Spiele? Karin war beim Sieg von Waldemar Cierpinski im Marathonlauf im Stadion dabei und weiß noch genau, wie sich alle in den Armen lagen und was für ein unbeschreibliches Gefühl das war. „Das war Wahnsinn. Einer von uns, haben wir gedacht." Noch heute erinnert sie sich an die Worte des Reporters Heinz Florian Oertel, die später zu geflügelten Worten werden: „Haben Sie Mut!

Nennen Sie Ihre Neuankömmlinge des heutigen Tages ruhig Waldemar!"

Kurz vor der Wende wird es für Karin unheimlich im Dorf. In der LPG malen die Bauern Transparente gegen die Staatsführung. Im Sommer 1989 sieht man viele Autos mit fremden Kennzeichen durch den Ort fahren. „Die wollten hier über die grüne Grenze in die bundesdeutsche Botschaft in Warschau." Ihr Mann wird gefragt, ob er schon eine Strohpuppe am Haus hat. Immerhin ist er Parteisekretär. „Wir haben es in der Zeit vermieden, vor die Tür zu gehen. Ich habe mich immer gefragt, was die Leute sehen, das wir nicht sehen. Die, die raus wollten, meine ich." Der Systemwechsel kommt dann doch friedlich, auch im Dorf. Karin hat in diesen Tagen aber eine andere Sorge. Ihre Mutter liegt schon eine Weile im Krankenhaus, und es zeichnet sich ab, dass sie nicht mehr lange leben wird. Am 9. November ist Karin wieder einmal zu Besuch bei der Mutter und bemerkt, dass es ihr nicht gut geht. Sie verabschiedet sich spät und fährt die dreißig Minuten von Pasewalk nach Hause. „In diesen dreißig Minuten ist sie verstorben. Als ich zu Hause war, kam der Anruf." Lange trägt sie es mit sich herum, dass sie beim Tod der Mutter nicht an deren Bett war. Sie ist auch verärgert, dass das Krankenhauspersonal ihr nicht sagte, dass es zu Ende gehen könnte an diesem Abend. Am nächsten Morgen geht sie ganz normal zur ersten Stunde Russisch. Während sich in Berlin die Menschen über die offenen Grenzen wagen, führt Karin ihren Unterricht mithilfe der Russischstunde im DDR-Fernsehen fort. Sie schaut stoisch auf das TV-

Gerät im Klassenzimmer. Aber dann bricht sich doch der Schmerz über den Verlust der Mutter Bahn. Man schickt sie nach Hause. „Das war alles viel zu viel für mich“, weiß Karin heute.

In der Schule ändert sich kurz nach der Wende erst einmal wenig. Sie erinnert sich daran, dass Staatsbürgerkunde als Fach wegfiel. „Wir haben ja schon eine Menge ‚Rotlicht‘ unterrichtet.“ Es gibt Weiterbildungen in „Neuer Methodik“ für die Lehrerinnen und Lehrer. Aber dann wird auch ihr wichtigstes Fach abgeschafft, Russisch, und Karin damit eigentlich arbeitslos. Sie muss die Schule wechseln. Im Nachbarort kann sie auf dem Gymnasium neu anfangen, wird aber zur Weiterbildung verpflichtet, da sie nur mit dem Nebenfach Geografie zu wenig Stunden hat. Ein neues Fach muss her. Sie nimmt sich Englisch vor, da es in einem ihrer alten Schulzeugnisse auftaucht. Die Weltsprache wird in Neubrandenburg auf der Fachhochschule gelehrt. Die mittlerweile zweifache Mutter verbringt ihre Wochenenden auf der Schulbank. „Wir sollten englische und amerikanische Literatur im Original lesen. Aber das scheiterte schon daran, dass diese Bücher hier kaum zu bekommen waren.“ Sie schlägt sich mit Zusammenfassungen durch, kann ihre Prüfung in amerikanischer Landeskunde ablegen, was der Geografielehrerin leichter fällt. Die ganze Wohnung ist zu diesem Zeitpunkt ein Zettel-Chaos. Überall Vokabeln, historische Fakten und Merksätze. „Ich hatte so eine Angst, ich weiß noch, wie ich im Zug einen Schnaps getrunken habe vor der Prüfung.“ Sie hat Glück. Ihr Vortrag gefällt den Prüfern. „Das Beste, was wir von Ihnen bisher gehört haben", sagen sie zu Karin. Doch die Prüfung war *eine* Sache, das Unterrichten in der Schule ist eine andere. Oft sitzt sie am Sonntag, wenn andere mit ihren Familien spazieren gehen, stundenlang am Schreibtisch und grübelt über den Englischaufsätzen ihrer Schülerinnen und Schüler. Ist das ein Fehler oder nicht? Es ist für sie mühsam geworden. „Später wurde es in den Familien üblich, die Töchter und Söhne für ein Jahr ins Ausland zu schicken. Wenn die Schülerinnen und Schüler aus den USA wiederkamen, haben sie mich manchmal vor der Klasse berichtigt." Sie fühlt sich in ihrem neuen Hauptfach nicht wohl. Entspannung findet sie auf Klassenfahrten. Anders als ihre Kolleginnen scheut sie sich nicht vor der Verantwortung für eine große Schülergruppe. Außerdem wird sie von den Schülerinnen und Schülern respektiert. Sie ist eine von den Lehrerinnen, die sich auch mal in der Raucherecke dazugesellen, die auch mal Privates erzählen. Der Stress der letzten Schuljahre hinterlässt dennoch seine Spuren. Er bringt sie an einen Punkt, an dem die engagierte Dorflehrerin von damals fast froh ist, als sie 2007 aus dem Schuldienst ausscheiden kann. „Die Schultasche habe ich lange Zeit gepackt in der Ecke stehen lassen, weil ich nicht glauben konnte, dass ich nicht doch wieder hinmuss."

Seither verbringt Karin viel Zeit mit Handarbeiten. Sie reist auch weiterhin gerne, auch ins „kapitalistische Ausland" von damals. Ihre Enkel sind ihr besonders wichtig. Wenn man sie anruft, ist sie eigentlich immer gerade auf dem Weg zu ihnen oder kommt gerade von dort wieder nach Hause. Aber sie widmet auch einen Teil der neu gewonnenen Zeit dem Schreiben von Kurzgeschichten. Eine dieser Geschichten erzählt davon, wie sich Karin nach der Wende einen Wunsch erfüllt und zum ersten Mal mit der Familie an die Nordsee fährt, um endlich Ebbe und Flut zu sehen. Die Familie aus Vorpommern macht in dieser Geschichte das, was meine Familie aus Niedersachsen auch immer gemacht hat: Sie mogelt sich um die Kurtaxe für den Badestrand herum.

## „Ich wollte fraulich aussehen, das war alles“

Jana war früher Jörg. Das hört man schon an ihrer Stimme. Unter dem Singsang von Jana liegt noch immer das weiche Timbre von Jörg. Jana kommt eigentlich aus der Landwirtschaft. Sie hat in der Pflanzenproduktion der LPG gearbeitet. Jetzt ist sie in Frührente. Wir sitzen im Windfang ihres Elternhauses, sie stützt den rechten Arm auf ihre Gehhilfe und grinst mich herausfordernd an: „Was willst du denn wissen?“ Sie weiß, dass ihre Geschlechtsangleichung die Leute neugierig macht. Ich komme mir dumm vor, so dumm wie all diejenigen, die das für eine ungeheuerliche Sache halten. Wie diejenigen, die Jana jetzt meiden, wo sie nicht mehr Jörg ist, nicht mehr im Baumfällerhemd auf dem LPG-Kartoffelacker steht. Ich kann ihr keine intimen Fragen stellen, denke ich. Ihre Transformation ist privat. „Na, jetzt frag mal endlich, ich erzähl dir das schon alles“, kommt es ermutigend aus Janas Ecke. Sie streicht sich mit der glatten Handfläche über das Haar, legt es auf den Schultern zurecht, eine Handbewegung, wie sie Männer machen, die Perücken tragen. Ich kenne das von Theaterproben. Vielleicht hat Jörg sich noch immer nicht ganz an Jana gewöhnt? „Nein!“, wird sie später sagen, als ich ihr diesen Text vorlese. „Da ist kein Jörg mehr!“ Also: Jana war früher Jörg …

Schon immer hat ihre Familie auf dem kleinen Dreiseitenhof im Dorf Landwirtschaft betrieben. Bis zuletzt hielt Jana hier mit ihrem Bruder ein paar Rinder und Schweine. Der Hof ist schon seit 1725 in Familienbesitz, hatte einmal einhundert Hektar Land. Jana wird 1967 als das letzte von neun Kindern in die Bauernfamilie hineingeboren. „Ich war Bummelletzter!", ruft sie. „Danach haben sich meine Eltern endlich einen Fernseher angeschafft!" Neun Kinder in dieser armen Gegend zu versorgen war sicher nicht einfach. Zu Hause hält die Familie vier Mastbullen, der Vater geht zusätzlich noch in der LPG-Pflanzenproduktion arbeiten. Was so technisch „Pflanzenproduktion" heißt, ist schwere körperliche Arbeit auf dem Feld. Weit entfernt von den technischen Möglichkeiten von heute, werden Roggen, Weizen und Kartoffeln angebaut. Auch Jana wird später hier arbeiten. Zunächst verbringt sie aber auf dem Hof der Familie mit den vielen Geschwistern, den vielen Tieren eine wilde Kindheit. Das engste Verhältnis hat sie bis heute zu ihrem Bruder, der einige Jahre älter ist als sie. Das Dorfleben ist beschaulich zu der Zeit. Es gibt eine Gastwirtschaft nebenan, einen Bäcker und einen Fleischer. Die Familie ist in der Neuapostolischen Kirchengemeinde, und Radio und Fernsehen kommen für die Eltern lange nicht infrage. „Das war Teufelswerk!", sagt Jana. „Erst als der Sohn des Kirchenvorstehers mit dem Kofferradio auf der Schulter durchs Dorf lief, haben sich die anderen auch getraut, Radio und Fernsehen anzuschaffen." Sie grinst. Beruflich bleibt Jana der Familientradition treu und macht eine Ausbildung in der Gärtnerei. Hat sie da schon bemerkt, dass sie eigentlich nicht Jörg sein will? „Ja. In der Pubertät fing das an, als sich mein Körper so verändert hat." Sie beginnt, sich für

Frauensachen zu interessieren. Es sind nicht Zeitschriften, sondern ganz konkrete Gegenstände, die sie neugierig machen: Damenschuhe, Strümpfe, BHs. „Ich habe mit niemandem darüber gesprochen. Auch später nicht, als ich schon längst wie eine Frau aussah. Ich habe es einfach gemacht." Jana weiß, dass es für die Menschen hier schwierig ist, ihr Bedürfnis, eine Frau zu sein, zu verstehen. Deshalb probiert sie noch zu DDR-Zeiten ganz vorsichtig aus, was möglich ist. „Ich habe ja schon mal Glück, dass ich kaum Bartwuchs habe. Nur ein wenig an der Oberlippe, am Kinn." Als erstes Zeichen der Veränderung trägt sie Klarlack auf die Fingernägel auf. „Ich habe mich dann umgeschaut, ob es jemandem auffällt." Sie grinst. Was damals ein großer Schritt ist, wirkt heute, nach ihrer Geschlechtsangleichung, eher niedlich. Als sie anfängt, einen BH zu tragen, und ihn nach und nach mit größeren Socken ausstopft, wird sie einmal in der Ausbildung angeherrscht: „Mensch, hör auf mit dem Scheiß!" Danach wird Jana wieder vorsichtiger. Das war Ende der Achtziger. Sie weiß nicht, dass in der Charité zu diesem Zeitpunkt bereits erste geschlechtsangleichende Operationen in der DDR vorgenommen werden. Sie weiß noch nicht einmal, wie man das bezeichnet, was mit ihr los ist, dass sie transsexuell ist.

„Hat dir der Mauerfall eigentlich Hoffnung gemacht, dass du jetzt freier mit deinem wahren Geschlecht umgehen kannst?" – „Nein, ich wollte ja hierbleiben, in meinem Dorf. Und zwar so, wie ich bin. Und dass die Mauer gefallen ist, hat die Einstellung der Menschen hier ja nicht verändert." Jana versucht noch als

Jörg, ein traditionelles Familienleben zu führen, ist eine Zeit lang verheiratet. Erst im Verein Rosalila in Neubrandenburg findet sie schließlich Anschluss an die queere Szene. In den Gruppentreffen in diesem Verein, der sich für sexuelle Aufklärung engagiert, kann sie erstmals offen über ihre Sehnsucht sprechen. Sie ist nicht die Einzige, wie es ihr bis dahin zuweilen auf dem Dorf vorkam. In dieser Umgebung beginnt sie, offensiver mit ihrer Transsexualität umzugehen. Auf dem Dorf bleibt sie vorsichtig. Als sie mit ihrer damaligen Freundin zusammenkommt, traut sie sich zunächst nicht, sie einzuweihen. „Wir haben uns im Bus kennengelernt. Der Bus fuhr die Osteoporose-Gruppe aus dem Dorf zum Schwimmen in die Stadt. Da konnte jeder mitfahren, damit der Bus voll wurde. Ich wollte einfach mal in die Sauna." Die beiden kommen bei der Busfahrt ins Gespräch, verstehen sich gut, verabreden sich wieder. Erst als sie längst ein Paar sind, traut sich Jana, ihrer Partnerin zu sagen, dass sie nicht der Mann ist, der hier vor ihr sitzt, sondern dass sie lieber eine Frau wäre. Da nimmt sie schon heimlich Hormone. Die Freundin fühlt sich erst einmal vor den Kopf gestoßen und zieht sich zurück. „Ich bin doch heterosexuell", sagt sie, als Jana und ich sie in ihrer Neubauwohnung zu Kaffee und Erdbeertörtchen treffen. Sie ist jetzt nicht mehr Janas Partnerin, aber immer noch ihre beste Freundin. Sie sagt, Janas Wunsch, eine Frau zu sein, hänge mit dem schwierigen Verhältnis zur Mutter zusammen. Als Jana aber darauf besteht – „Ich glaube, ich ging ihr richtig auf die Nerven damit!" – und ihrer Partnerin klar wird, dass sie wirklich unter ihrer Jörg-

Identität leidet, bestärkt sie Jana schließlich sogar darin, sich mehr zu trauen. „Wir gingen dann zusammen shoppen und sie hat mich beraten. Keine Miniröcke oder Stöckelschuhe. Ich wollte fraulich aussehen, das war alles“, sagt Jana. Sie zeigt auf ihre Kleidung: „Was denkst du? Ist doch gut so, oder?“ Jana ist unauffällig gekleidet. Geblümtes T-Shirt, Jeans, Strickjacke, dazu Lippenstift, ein dezenter Rosé-Ton. „Ganz normal“, bestätige ich. „Wenn es so etwas gibt.“ Wir schmunzeln. „Manchmal habe ich ja schon Lust auf Minirock und Stiefel, aber das kannst du hier nicht machen.“ Jana reicht die Frauenkleidung irgendwann nicht mehr aus. Schon lange ist ihr klar, dass sie einen Schritt weiter gehen wird. Heimlich lässt sie sich von Ärztinnen und Ärzten beraten, wie eine geschlechtsangleichende OP abläuft, welche Nachweise die Krankenkasse benötigt. Einmal geht sie im Institut für Sexualwissenschaft und Sexualmedizin der Berliner Charité in die Sprechstunde des Professors. Schließlich wird sie vom Amtsgericht zu unabhängigen Gutachtern geschickt, damit diese bestätigen, dass ihr Wunsch, eine Frau zu sein, echt ist. All diese Termine hat sie immer vor den Nachbarn, vor Freunden und Familie geheim gehalten. Auch vor ihrer Partnerin. „‚Ich fahre heute weg, muss einem Bekannten helfen‘, habe ich dann gesagt.“ Wenn Jana zum Gutachter fährt, achtet sie besonders darauf, fraulich auszusehen. Sie schminkt sich dann stärker, legt Schmuck an, Ohrringe, Armbänder, eine Halskette. Sie hat immer wieder Angst, dass man ihr nicht glaubt. „Ein Gutachter wollte es mir wirklich nicht bescheinigen. Er fand, dass ich noch ein Jahr darüber nachdenken solle, ob ich die OP wirklich möchte. Er sagte, ich sehe nicht weiblich genug aus, vom Kleidungsstil her." Der Gutachter ist andere Erscheinungsbilder gewöhnt. Er findet, dass „echte" Frauen femininere Kleidung tragen müssten. Der unauffällige C&A-Stil von Jana ist untypisch in seiner Sprechstunde. „Ich bin schuld gewesen", sagt ihre Freundin heute. „Ich habe dich schlecht beraten. Ich habe dich zu unauffällig angezogen." Es ist für Jana unglaublich zermürbend, noch ein ganzes Jahr auf die OP zu warten und mit der Unsicherheit leben zu müssen, dass sie vielleicht für immer im Körper von Jörg leben wird. Doch das Warten hat ein Ende. Beim nächsten Termin lenkt der Gutachter schließlich ein, und der ersehnte Tag kommt. Nach jahrelanger Hormoneinnahme zur Vorbereitung des Körpers reist Jana für die Operation in eine Spezialklinik nach München. Auch an diesem Tag sagt sie allen, sie fahre zu einem Freund nach Berlin. Sie hat noch im letzten Augenblick Angst, dass jemand versucht, es ihr auszureden, oder sie für verrückt erklärt und sie in die Psychiatrie einweisen lässt.

Am Anfang von Janas neuem Leben stehen nach der Operation erst einmal Schmerzen. Sie erinnert sich an den Sitzring, den man ihr im Krankenhaus mitgibt und die erste gynäkologische Untersuchung nach der Operation, das erste Begutachten des neuen Körpers im Spiegel. „Da waren gar keine Narben!", sagt Jana, noch immer fasziniert von den medizinischen Möglichkeiten. Aber sie weiß auch: Mit *einer* Operation ist es nicht getan. Durch die Hormone hat sie zwar Ansätze von Brüsten, aber bei Weitem noch keinen normalen Brustumfang. Der nächste Kampf, den sie mit ihrer Krankenkasse führen wird, ist ein Kampf um Silikoneinlagen. Sie verliert ihn, lässt sich dennoch operieren. „Dann war alles richtig, das war seltsam! Das war toll!" Jetzt steht für sie die letzte Hürde an: den lokalen Behörden die Geschlechtsangleichung und die Namensänderung mitzuteilen. Alle persönlichen Dokumente müssen jetzt neu ausgestellt werden. Auch der Führerschein. „‚Wir gucken mal, was passiert', hat der junge Beamte auf der Führerscheinstelle gesagt und dann statt Jörg „Jana" in die Maske auf dem Bildschirm eingegeben. Läuft!, hat er dann gesagt." Der PC hat automatisch alles auf weiblich umgestellt. Jana freut sich über so offene Begegnungen. Manchmal bekommt sie dennoch Briefe mit der Anrede „Sehr geehrter Herr ...". Das ärgert sie. Erst als Wochen später der neue Name schwarz auf grün in ihrem Personalausweis auftaucht, fühlt sich Jana im eigenen Körper angekommen. Da ist sie vierundvierzig und Jörg endlich Geschichte.

„Weißt du, wie ich von der Operation erfahren habe?", sagt ihre Freundin. „Sie hat mir Fotos von Verwandten auf der Digitalkamera gezeigt. Und dann waren da zufällig ein paar Fotos von der OP in München dabei. Sie konnte es mir einfach nicht sagen." Jana schmunzelt. Sie hat ihre Tricks. Das hat sie das jahrelange Versteckspiel auf dem Dorf gelehrt: die anderen langsam auf schwierige Wahrheiten vorzubereiten.

Ich will noch so viel von Jana wissen. Hatte sie einmal einen Kinderwunsch? „Ja, wenn mein Leben gut gelaufen wäre, hätte ich eine ganz normale Familie. Ich wäre dann der Vater." – „Als Frau?" – „Nein, als

Mann. Ich hätte dann meinen Wunsch, eine Frau zu sein, dem Kind wegen hintangestellt. Jetzt brauche ich ja auf niemanden Rücksicht zu nehmen." Und wie war das mit der Beziehung zu ihrer Freundin? Das Verhältnis zu ihrer Partnerin hatte sich damals durch die Veränderungen an ihrem Körper fundamental geändert. Aus einer Liebesbeziehung ist eine enge Freundschaft geworden. Die Verbindung der beiden ist über die Zeit aber stärker geworden. „Ich hatte immer Angst, dass sie geht, aber sie hat zu mir gehalten." Und im Dorf? Sie wurde nie beschimpft oder beleidigt. Sie weiß aber, dass es für die Menschen hier nach wie vor schwierig ist, sich so etwas vorzustellen. Dass es da einen Mann in der Gemeinde gibt, der lieber eine Frau sein möchte und dann auch zu einer Frau wird. Aber sie hat das Gefühl, die Leute haben sich nach und nach daran gewöhnt. „Ich wusste halt immer nicht, wie ich ihn oder sie ansprechen sollte, als er oder sie eine Zeit lang nur so halb verändert war", erzählt mir eine Dorfbewohnerin, die Jana immer beim Rommé-Spielen im Gemeindehaus trifft. „Das mit den Fingernägeln ist schon schlimm!", sagt eine andere, die die Veränderung eher abstößt. Dass sie so lange alles verheimlichen musste, ist für Jana sehr schmerzlich. Was sie aber am meisten gestört hat, war das Prozedere der Behörden. Oft hat man ihr nicht geglaubt, nicht richtig zugehört.

Jana lebt jetzt zurückgezogen auf ihrem Hof. Sie imkert, hält Hühner und fährt mit dem Auto in die nächstgelegene Stadt. WLAN hat sie auch, aber das Benutzen von WhatsApp findet sie eher kompliziert. Kontakt zu anderen Transsexuellen hat sie im Moment nicht, weiß aber, dass sie im Dorf nicht die Einzige ist. Sie wird immer über den „Dorffunk“ auf dem Laufenden gehalten. „Meine Ärztin hat mir gesagt, dass es hier eine Gruppe von transsexuellen Menschen gibt. Aber die sei geheim. Sie könne mir nichts weiter sagen. Ich wusste nicht, wie ich da herankomme.“ Ich frage sie, ob ich ihr helfen soll, über diesen „Geheimorden“ etwas herauszufinden oder Kontakte zu anderen Betroffenen zu knüpfen. „Ach, jetzt bin ich alt, jetzt ist das auch zu spät.“ Bei der Abfahrt winkt sie mir mit goldenen Pumps aus der Haustür hinterher und ruft: „Hab gerade die Schuhe gefunden, die ich so schön finde. Sind mir aber zu klein, 44, ich hab doch 45.“ Jana lacht breit. Sie lässt sich nicht so leicht die Laune verderben.

# „Wie erzähle ich euch die *ganze* Geschichte?“

Renate ist nicht mehr da. Sie ist im letzten Jahr im hohen Alter an einer Krebserkrankung verstorben. Ich kenne sie nur aus den Erzählungen ihrer Familie und ihrer Nachbarn, von Fotos im Rinderstall und zu Pferd. Ich kenne ihr Auto, das sie meiner Wohngemeinschaft vermacht hat, einen kleinen grauen Twingo, und ich kenne sie aus einem Dokumentarfilm über den Biohof des Dorfes, der früher die LPG „Fortschritt“ war. Sie war damals Vorsitzende der Tierproduktion. Obwohl Renate nicht mehr da ist, kann ich gerade ihre Stimme hören. Langsam und konzentriert spricht sie zu mir, nein, eigentlich zu ihren Kindern. Sie spricht so gewählt, dass es druckreif ist. Denn sie hat in den Wochen vor ihrem Tod für ihre Kinder ihre Lebensgeschichte auf ein Tonband gesprochen. Sie bittet darin auch um Verständnis. „Nun stehe ich wieder vor dem Problem: Wie erzähle ich euch die *ganze* Geschichte?“, sagt sie da. „Die Geschichte beginnt eigentlich vor sechzig Jahren.“

Damals heiratet sie ihren Mann. Es ist der Tag vor Heiligabend. Sie haben gemeinsam Landwirtschaft in Halle studiert. Renate erzählt von ihrem Hund, der sich unter der Hochzeitstafel aufrichtet und alle Gläser und Teller ins Wanken bringt. Von dem Mann in der Straßenbahn, der sie mit ihrem Blumenkörbchen auf dem Weg nach Hause anspricht: „Na, gerade geheiratet?“ Vom Standesbeamten, der zu ihr sagt, ihr Mann würde nicht zu ihr passen. Aber Renate ist doch so glücklich in dieser Zeit. Nach der Hochzeit beendet sie wie auch ihr Mann das Studium und die beiden werden für zwei Jahre dorthin geschickt, „wo der Staat sie braucht“: in eine kleine LPG im Bezirk Rostock. Es ist das Jahr 1963. Der Umzug des jungen Paares in das kleine Dorf wird staatlich organisiert, die Wohnung wird ihnen gestellt. Renate hat zu diesem Zeitpunkt aber noch ein Pferd, dass ihr der Großvater gekauft hatte. Wie soll sie einen Pferdetransport von der Altmark nach Vorpommern bewerkstelligen? Es ist viel zu teuer für sie. Das Paar entscheidet schließlich, die Strecke von Neuferchau nach Murchin zu reiten. Den Anfang macht ihr Mann. Er legt mit dem jungen Pferd die ersten hundert Kilometer zurück und übernachtet in Scheunen am Wegesrand. Das Pferd am Balken festgemacht, kriecht der junge Mann eines nachts erschöpft ins Stroh. Da wird es plötzlich taghell. Es ist die Grenzpolizei. Sie macht den vermeintlichen „Republikflüchtling“ dingfest, der doch versuche mit seinem Pferd in die BRD zu fliehen? Was mache er denn sonst hier allein, mit einem Pferd, in einer verlassenen Scheune? Er wird gemeinsam mit Pferd Falko inhaftiert und zum Bürgermeister des nächsten Örtchens gebracht. Lange verhört man ihn, wie er denn seine Flucht geplant habe, ob es Mitwisser gebe. Erst als von der Universität Halle bestätigt wird, dass er zu seiner neuen Arbeitsstelle in der LPG Murchin reite, wie er immer wieder versichert hat, wird ihm geglaubt. Nach diesem Tag übernimmt Renate den jungen Wallach. Sie reitet unbeirrt weiter, macht Halt bei Kommilitonen, Bekannten, einem befreundeten Tierarztpaar, um für die Nacht eine sichere Unterkunft zu haben. Aber plötzlich beginnt ihr Pferd zu lahmen. Die Hufe sind durch den langen Ritt stark abgenutzt. Sie hat Glück. Im nächsten Dorf findet sie einen Schmied, der ihr einen kostenlosen Hufbeschlag macht, damit Falko bis nach Murchin durchhält. Wenn es heiß ist, reitet sie jetzt um vier Uhr morgens los, um ab Mittag zu pausieren und das Pferd zu schonen. Fünf Tage dauert dieser Ritt. „Noch heute wissen die Alten eines Dorfes zu erzählen, wie eine junge Dame ihren Badesee benutzte, um mit ihrem Pferd darin zu baden", spricht Renate auf das Tonband.

In der neuen Wohnung bei der kleinen LPG plagen Renate erst einmal die Flöhe. Sie schläft lieber bei ihrem Pferd im Stall als in der vom Staat bereitgestellten Unterkunft. Bis ihr Mann endlich mit den Möbeln ankommt. Gemeinsam reinigen sie die neue Wohnung vom Ungeziefer und richten sich ein. Sie erinnert sich dann an eine schöne Zeit auf ihrer ersten Arbeitsstelle in der Tierproduktion. An Ritte durch die Wälder, an die intakte Natur, aber auch an die Menschen von damals. An eine Mitarbeiterin, die gegenüber Renate über ihre Sorge wegen eines Gebärmuttergeschwüres klagt. Statt eines Tumors stellt sich aber heraus, dass die Frau mit Ende vierzig noch ein Kind erwartet. Als es zur Welt kommt, erhält es wegen Renates guten Zuspruchs einen besonderen Namen, den Namen von Renates Pferd Falko.

Eigentlich sollen Renate und ihr Mann im folgenden Jahr die Leitung der LPG übernehmen. Aber der alte Vorsitzende beantragt ihre Versetzung. Eine Frau vom Bezirk bringt sie in das Dorf, in dem ich heute schreibe, in die LPG „Fortschritt". Sie sollen hier eine Jungrinderaufzuchtanlage aufbauen. Die weiblichen Kälber sollen nicht mehr in den einzelnen LPGs großgezogen, sondern zentralisiert werden. Die LPG sei zu diesem Zeitpunkt wirtschaftlich sehr schwach gewesen, erklärt Renate, und dass es ein schwieriger Start gewesen sei. Denn das junge Paar sträubt sich gegen die Neubauwohnung, die das Dorf für sie vorgesehen hat. Sie dürfen stattdessen einen leer stehenden Hof übernehmen, dessen Besitzer in die Bundesrepublik geflohen waren. „Die Brennnesseln standen bis zur Regenrinne, die Fenster waren eingeschlagen und im Innenhof lag ein Haufen Schrott", erinnert sie sich. Der Ort gehört auch nicht mehr zum Dorf. Als „Wohnflecken" bezeichnet der damalige Bürgermeister diesen Platz, an dem Anfang des Jahrhunderts noch Pferde für das Militär in der Stadt großgezogen wurden.

Renate erinnert sich daran, wie 1972 im Dorf in einer „Kollektivierungsmaßnahme" die Feldwirtschaft von der Tierwirtschaft getrennt wird. Wie sie Leiterin der Tierproduktion und ihr Mann Leiter der Pflanzenproduktion wird. Eine solch staatlich angeordnete Umordnung der Arbeitsstruktur mehrerer Dörfer, die damit einhergehenden Eingriffe in Leben und Besitz der Menschen, sind für alle im Dorf eine schwierige Zeit, erklärt sie auf dem Tonband. Sie habe damals gesagt: „Die Frauen, die Kinder und die alten Herren bleiben am Ort, um das Dorf hochzuhalten. Die jungen, kräftigen Männer, Traktoristen und Mähdrescherfahrer, müssen auf die Felder, Getreide, Kartoffeln, Heu und Silage für uns ernten." Renate hat jetzt schon eine Tochter und einen kleinen Sohn, der von der Familie des Schmiedes mit großgezogen wird, wenn sie zur Arbeit geht. Manchmal sieht sie ihn nur am Wochenende. Wenn sie nach Polen fahren und auch die Kinder an der Grenze nach ihrem Namen gefragt werden, hat Renate manchmal Angst, dass ihr Sohn den Namen der Familie des Schmiedes angibt und sie zurückgeschickt werden. Renate erzählt auch von der Trennung von ihrem Mann, als die Kinder noch klein sind. „Es ist schwer, die richtigen Worte zu finden", sagt sie. „Denn man erzieht ja die Kinder dazu, dass sie den Papi gernhaben und die Mami auch. Und auf einmal werden sie vor die Situation gestellt, dass es nicht mehr so ist." Sie will ihrem Mann, der sich neu verliebt hat, kein Hindernis sein. Aber es trifft sie hart. „Ich hatte ganz schön zu knabbern." Sie erinnert sich jetzt an den Standesbeamten bei ihrer Hochzeit, der sagte: „Der Mann passt nicht zu Ihnen." Es kommt ihr vor, als habe dieser Fremde alles vorhergesehen.

Renate erzählt auf dem Tonband noch viele Anekdoten aus ihrem Arbeitsleben. Dass sie vor dem Besuch der Arbeitsgruppe eines Bauernverbandes aus dem Westen ein Seminar besuchen muss: „Wie empfängt man Besuch aus dem kapitalistischen Ausland". Dass sie sich sträubt, in die SED einzutreten, trotz häufiger Bitten, als Frau in einer Leitungsposition doch ihrer Vorbildfunktion gerecht zu werden. Erst wenn die Männer weniger trinken würden, seltener zu spät zur Arbeit kämen, *deren* Arbeitsmoral sich verbessere und die Männer auch Vorbilder würden, könne sie sich das vorstellen, habe sie damals entgegnet. Ich erfahre von ihr auch, dass die Gaststätte, in der ich mich gestern mit Frauen aus dem Dorf getroffen habe, im Rahmen einer Atombombenübung als Schutzkeller dienen sollte und deshalb renoviert, ausgebaut und großzügig eingerichtet wurde. Über diese Renate und ihre Geschichte wurde noch zu DDR-Zeiten ein Roman verfasst, und sie ist in einem Dokumentarfilm zu sehen, weil sie noch in hohem Alter die Einrichtung eines Biohofs mit angegliedertem Hofladen auf dem ehemaligen LPG-Gelände unterstützte. Aber über diese Tonaufnahmen, die ich gerade höre und die auf mich wie aus dem Jenseits wirken, auch weil sie immer wieder lange Pausen macht und manchmal vor Erschöpfung einschläft, habe ich das Gefühl, Renate auf eine ganz andere, ganz intime Weise kennenlernen zu dürfen. Ich danke der Familie und Renate für diese postume Begegnung.

## „Ich liebte Farben, aber mein Staat war grau“

Natürlich ist sie eine Hexe. Ich weiß nicht, wie ich mir die Phänomene, die ich bei ihr erlebe, sonst erklären soll. Wenn ich sie besuche, kann ich ihr Backsteinhäuschen im Wald manchmal nicht finden, obwohl ich immer denselben Weg fahre. Es wechselt offenbar die Position. Als ich von ihr wegfahren will, sitzt eine Katze in meinem Auto und lässt mich nicht. Einmal packt mich ein Ast von hinten an der Schulter wie eine Knochenhand. Und natürlich begleiten Krähen meinen Weg zurück ins Dorfzentrum. Ich rede von Marina, die mir als Therapeutin empfohlen wird, als ich von einem Problem mit meinen Augen erzähle, gegen das kein Medikament helfen will und das wahrscheinlich ein magisches Problem ist. Früher war Marina für viele nur die „Hexe“. Jetzt sagen sie: „Das ist ein spiritueller Mensch. Die hilft dir. Wir gehen da alle hin. Die ist so angenehm ruhig.“ Die anderen Frauen reden so viel. Es wird mir guttun, mit einer Frau eine Weile zu schweigen.

Sie sei mir empfohlen worden, erkläre ich Marina, als ich auf ihrem Patientenstuhl sitze. Sie schweigt beharrlich einige Zeit. Dann sagt sie: „Das war nicht immer so.“ Sie schmunzelt, während sie mit einem Pendel die Heilung meiner Augen vorantreibt. Sie weiß, dass ihr am Anfang nachgesagt wurde, sie sei eine Hexe. „Dabei habe ich einen großen Wegweiser vom Ordnungsamt vorne an der Straße. Ich wüsste nicht, dass das Ordnungsamt Hexen ausweist.“ Sie hat einen guten Humor, diese hübsche, große Frau mit dem wirr frisierten Haar und den Filzlatschen. Ihre ersten Patientinnen und Patienten kamen deshalb nicht aus dem Dorf, sondern von außerhalb, erzählt sie, als sie in den Zweitausenderjahren ihre Naturheilpraxis hier mitten im Wald eröffnete. Erst nach und nach rückte ihr Einzugsgebiet näher an sie heran. „Die von hier kommen jetzt erst zu mir.“ Vegetarismus, Ayurveda, Homöopathie und Naturheilkunde – den Menschen hier, die hauptsächlich von Wildbret und Wrucken (so nennt man hier Steckrüben) leben, ist das alles fremd. „Wir waren die ersten Vegetarier im Ort. Einige meinten sogar, wir würden nicht überleben.“ Sie lacht herzlich. Jetzt ist alles anders. Jetzt laufen bei Marina die Fäden des Dorfes zusammen. Sie kennt die Menschen und ihre Geschichten hier wahrscheinlich besser als jeder andere, denn sie besprechen mit ihr Dinge, die sie zu Hause nicht loswerden können. Sie ist ein Knotenpunkt für die Verknotungen der anderen und lebt selbst in einem Spannungsfeld. Denn sie kommt eigentlich aus der Berliner Künstlerszene.

Geboren ist Marina als Arbeiterkind direkt hinter der Grenze mit ihren imposanten Wachtürmen. Der Vater war Schlosser, die Mutter technische Zeichnerin. Sie erinnert sich an eine Klassenkameradin, die man nicht zu Hause besuchen konnte, weil sie dort wohnte, wo keiner mehr hingehen durfte, wo der Osten aufhörte und der Westen noch nicht ganz anfing. Sie erinnert sich, dass in die andere Richtung der Horizont offen war. Denn die Schülerinnen und Schüler sollten Brieffreundschaften nach Russland unterhalten, deutsch-sowjetische Freundschaften. „Mit den russischen Kindern zu kommunizieren war mühsam“, sagt sie. „Das ging nie über den Austausch von ‚Wie geht es dir?‘ – ‚Mir geht es gut‘ hinaus.“ Sie kichert. Sie erinnert sich, dass sie als junges Mädchen Modedesignerin werden wollte. Dass sie es liebte, sich besonders zu kleiden, angefangen bei den kleinen Strickkleidern, die ihre Oma für sie machte. Nachmittage lang sitzt Marina mit ihrer Freundin an der alten Nähmaschine der Mutter und kreiert, mit dem Fuß wippend, extravagante Kleider. „Es war schwierig, an bunte Stoffe ranzukommen. Also haben wir weiße Bettlaken eingefärbt. Und Windeln!“ Ein hilfloser Versuch, in den grauen DDR-Alltag ein bisschen Farbe zu bringen. „Es gab eine offizielle Jugendmode. Aber die war so fade. Und später die Schwangerschaftsmode erst. Man sah aus wie eine Oma! Ich hatte immer Lust, mich individuell zu kleiden.“ Da kamen die Pakete von den vielen Onkeln und Tanten, die die Familie im Westen hatte, gerade recht. „Orange T-Shirts, der Wahnsinn! Hellblaue Pullover!“ Sie versucht, mit ihren Freundinnen in den Altkleiderbörsen und An- und Verkauf-Läden in Ostberlin an extravagantere Kleidungsstücke heranzukommen. Einmal findet sie einen schwarzen Lippenstift. Mit einer zerrissenen Strumpfhose und Minirock kombiniert, wird sie mit den schwarzen Lippen zu einer Gothic-Pionierin in Berlin. „Ich habe das erfunden!“, kokettiert sie. Jetzt gerade hat sie eine Rosa-Phase. Sie trägt einen rosa Wollpullover und regenbogenfarbene Beinstulpen mit Filzbommeln, an denen mein Kind während unseres Gesprächs herumspielt. „Für mich hat

Mode ganz viel mit Selbstfürsorge zu tun", erklärt sie. „Ich habe ja vierzig Jahre kein Rosa getragen. Jetzt ist es mal an der Zeit." Ständig ändert sie mit den Jahren ihren Stil. „Eine Zeit lang bin ich im Sari im Nachbardorf einkaufen gegangen." Wir lachen. Da hatte sie Lust, den indischen Lebensstil etwas radikaler zu leben. Wie hat sie nur die Blicke der anderen ausgehalten? „Die Leute sollen ruhig reden. Man muss sie auch mal herausfordern." So wird Marina wohl von vielen im Dorf heute noch gesehen, als Herausforderung.

An der Wand hängt ein Foto, auf dem sie einen schwarzen Samthut trägt. Unter einem schwarzen Schleier blicken zwei große Augen verführerisch zum Betrachter. Es hat etwas von Audrey Hepburn. Als aus dem Modedesignstudium nichts wird und auch ein Vorsprechen als Schauspielerin erfolglos bleibt, schreibt sie sich an der Humboldt-Universität in Theaterwissenschaften ein. Bei einem Praktikum an der Berliner Volksbühne lernt sie ihren Mann kennen, der damals Beleuchter ist. Sie sind ein wunderschönes Paar, das bezeugen die Fotos von damals, die bei ihr an der Wand zusammen mit anderen Familienfotos drapiert sind. Ihr Partner erinnert ein wenig an Thomas Brasch. Es sind die Achtziger, und sie sind jung und entdecken zusammen ihre Spiritualität. Sie fühlen sich zum Hinduismus hingezogen. Er entspricht ihren Idealen eines freien, von Toleranz für andere geprägten Lebens. „Als der Hinduismus Kontakt mit dem Christentum bekam, haben die Mönche einfach die Christusfigur mit auf ihren Altar gestellt. Das meine ich, wenn ich von Toleranz rede", sagt Marina. Den

Individualismus des anderen wertzuschätzen, ist ihnen wichtig. Das ist in etwa das Gegenteil von dem, was die Staatsführung den Bürgerinnen und Bürgern der DDR abverlangt. In der DDR fühlen sich die beiden unwohl. „Diese Gleichmacherei war furchtbar. Wir lebten immer irgendwie unter dem Radar." Sie besuchen eine hinduistische Gemeinde, ihr erstes Kind kommt zur Welt, und irgendwie passt der gesamte Lebensstil der kleinen Familie schon bald nicht mehr in diesen Staat. Außerdem wollen sie unbedingt nach Indien. Das Land fasziniert sie, aber sie kennen es nur aus Büchern und Vorträgen. Eines Tages beschließen die beiden zu probieren, in den Westen zu gelangen. „Wir haben beide jemanden gefunden, der sich im Westen mit uns verheiraten würde. Also er eine Frau und ich einen Mann." Es ist ein Versuch. Aber die Ausreiseanträge zwecks Heirat werden von den Behörden abgelehnt. „Es war wohl zu unglaubwürdig." Sie überlegt. Was wäre im Westen wohl aus ihnen geworden? Statt Republikflucht planen die beiden nun eine Stadtflucht und suchen ein Haus auf dem Land. Marina arbeitet nach ihrem Studienabschluss im Kreiskulturkabinett und ist zuständig für die Theaterszene im Prenzlauer Berg. Doch sie ist bereit, die Arbeit, die ihr so gut gefällt, für ihre Freiheit aufzugeben. Sie finden eine geeignete Immobilie im Dorf. „Eigentlich wollten wir nicht so weit wegziehen von Berlin, aber das Haus lag toll, war nicht teuer." Marina fühlt sich noch immer frei an diesem Ort, an dem es keine Begrenzungen, keine Mauern und Zäune gibt. „Unsere erste Idee war es, Schafe zu züchten und Wolle zu verkaufen." Sie lacht und erinnert sich noch gut an die ersten Kontakte zu den Bauern beim Milchholen. Man beschnuppert sich, begegnet sich freundlich, interessiert. „Aber wir haben nicht hierher gepasst, das war uns von vornherein klar." Es ist der Sommer 1989, und fremde Autos sind im Ort keine Seltenheit, denn viele versuchen in diesen Tagen, über die grüne Grenze via Polen zu fliehen. Auch Marina wird ständig mit ihrem Berliner Nummernschild angehalten. Als sie eines Tages durch den Wald nach Hause fährt, stürmt plötzlich kurz vor ihrem Zuhause eine Gruppe Soldaten aus dem Wald. Sie stoppen ihr Fahrzeug. „Ich hatte einen Schock. Ich konnte gar nichts sagen. Ich hab gar nicht kapiert, was los war." Im Nachhinein ist es ihr klar, denn zu dieser Zeit stehen ständig verlassene Trabis im Wald, deren Besitzer über den Grenzzaun geklettert sind, um in Polen weiter Richtung BRD-Botschaft zu gelangen. „Es war eine bedrückende Stimmung hier. Das ging einige Monate. Dann war der Spuk vorbei." Die Mauer fällt, die Grenzen sind offen und für das junge Paar beginnt ein ganz neues Leben.

Von nun an sind sie teils auf Reisen in Indien, teils in ihrem kleinen Dorf in Mecklenburg-Vorpommern. Zwei weitere Kinder werden geboren. Der erste Versuch, auf dem Land Geld zu verdienen, ist das Projekt, die beiden entfernten Welten zueinanderzubringen. Marina gibt ayurvedische Kochkurse, von denen mir die anderen Dorfbewohnerinnen schon vorgeschwärmt haben. Die mittlerweile Weitgereiste bringt die exotischen Gewürze in die Dorfküchen: Kardamom, Curry, Ingwer. „Ich habe gemerkt, dass es eine ganz neue Welt für die Frauen war." Während die Mutter versucht, ihren Lebensstil den Dorffrauen zu vermitteln, werden ihre Kinder im Schulbus als „Grasfresser" beschimpft. Marina muss lachen, als sie mir erzählt, wie sich ihr Sohn eines Tages in der Schule vor der Lehrerin rechtfertigte, als es mal wieder darum ging, warum die Kinder kein Fleisch essen. „Frau Meyer, was würden sie denn sagen, wenn ich sie in einen Kochtopf mit heißem Wasser werfe?" Solche Konfrontationen gibt es immer wieder. Marina hat viele Gespräche mit den Lehrenden und den Eltern der anderen Kinder und fordert Toleranz ein. „Ich lasse meine Kinder nicht im Stich." Allein von den Kochkursen kann Marina noch nicht leben, und so beschließt sie, Yoga zu unterrichten, das sie in Indien gelernt hat. Noch heute gibt sie wöchentlich Kurse, die gut besucht sind. Sie will außerdem aus dem Hof ein spirituelles Zentrum machen. In dem Zusammenhang beginnt sie auch ihre Ausbildung zur Naturheilpraktikerin. Sie lernt viel über die Zusammenhänge von Körper und Geist und das Entstehen von Ungleichgewichten, von Krankheit. Obwohl sie diese Ausbildung gut meistert, ist sie anfangs unsicher. Ob da jemand kommt? Ob jemand den Weg zu dem einsamen Haus im Wald auf sich nehmen wird? Jetzt sitze ich hier. Weil die Praxis gut läuft und die Kinder aus dem Haus sind, hat Marina schon wieder neue Pläne. Sie wird sich zur psychologischen Beraterin ausbilden lassen und Menschen in schwierigen Lebenssituationen begleiten. „Durch die Corona-Pandemie bemerke ich bei meinen Patientinnen und Patienten, dass es einen großen Bedarf gibt, psychologische Hilfe in Anspruch zu nehmen. Es geht viel um Angst in der letzten Zeit.“ Ich glaube, ich bin eine von diesen Patientinnen.

## „Nach der Wende standen wir mit dem Rücken zur Wand“

Mit Brigitte bin ich um halb neun auf ihrem Hof zum Schlachten verabredet. Wenn ich keine Angst hätte, könnten wir uns dabei unterhalten. Brigitte scheint die Seele der Stadtmenschen gut zu kennen. Ich habe aber tatsächlich schon ein paar Mal beim Schlachten geholfen und erwarte daher schreiende Hühner, Gedärme, Blut, Gestank. Stattdessen herrscht Stille auf Brigittes Hof. Langsam schleiche ich durch einen verlassenen Innenhof. „Hallo?“ Es herrscht eine gewohnheitsmäßige Ordnung und Sauberkeit, die nichts mehr mit der Geschäftigkeit des Bauernhofes von damals zu tun zu haben scheint. „Hallo?“ Ich stoße eine Holztür auf. Brigitte steht gelassen in der Waschküche am Wasserbecken, in dem das fertig ausgeweidete und gerupfte Hähnchen ruht. „Komm rein. Der dicke Hahn war mal dran.“ Sie bringt die Gedärme zum Abfalleimer, wischt den Tisch und streichelt ihre Katze. Dann wirft sie Holz in die Küchenhexe nach und wir nehmen den nackten, toten Hahn mit ins Wohnhaus. Brigitte und ihr Mann sind Selbstversorger. Nur wenige Nahrungsmittel müssen sie im Ort dazukaufen. Das Haus ist seit Jahrzehnten in Familienbesitz. Sie sind in der Gegend aufgewachsen und es hat die beiden nie von hier fortgezogen, erklärt mir die Hausherrin, während sie mit einem scharfen Messer das Hähnchen zerteilt.

In den Fünfzigerjahren wächst sie hier als Tochter eines Maurers auf. Die Mutter macht den Haushalt, kümmert sich um Gänse und Hühner. Die Familie baut, wie viele hier im Dorf, Tabak an. Brigitte kann sich noch gut daran erinnern, wie sie am Feldrand mit den anderen Dorfkindern auf den Pfützen zwischen den dicken Ackerfurchen Boote fahren lässt. Und dass sie später auf den befestigten Wegen der ehemaligen Munitionsanlage der Wehrmacht Moped fahren lernt. „Die Fahrschule fand damals auf der Muna statt. Wegen den guten Panzerstraßen dort." Über ihre berufliche Zukunft macht sich die junge Brigitte nicht viele Gedanken. Ihre Mutter will, dass sie Schneiderin wird, aber eine Lehrstelle findet sie nur als Uhrmacherin. Von jetzt an geht es in die Lehrwerkstatt nach Prenzlau und ins Geschäft nach Pasewalk. Weite Wege nimmt die junge Auszubildende jeden Tag auf sich. Ausgelassenheit gibt es nur bei den wöchentlichen Tanzveranstaltungen, bei denen sie auch ihren künftigen Mann kennenlernt. Vier Kinder setzen die beiden in die Welt. „Früher hat sich alles so ergeben. Man hat sich nicht viele Gedanken gemacht, weil man sich abgesichert gefühlt hat." Sie erklärt mir, dass das Lebensgefühl dadurch ein anderes gewesen sei als heute. Es sei klar gewesen, dass der Staat sich um alle Belange des Lebens kümmere. Die Kinder waren in Krippe und Kindergarten versorgt, die Grundnahrungsmittel waren günstig, die Arbeit sicher. Brigitte hat das gefallen. Als sie nach der Wende nicht mehr im Uhrengeschäft gebraucht wird, die Kündigung erhält, ist sie gerade wieder einmal in einem Mutterschaftsurlaub zu Hause und weiß nicht, wie es für sie und ihre Familie weitergehen soll. Denn auch ihr Mann ist jetzt arbeitslos. „Nicht arbeiten zu gehen war bis dahin unvorstellbar für mich", sagt sie. Auch deshalb lässt sie sich, als die vorherige Bürgermeisterin des Ortsteils erkrankt, zur Wahl aufstellen. Die parteilose Brigitte bleibt in den Nachwendejahren einige Zeit in dieser Position und kümmert sich unter anderem um die Asphaltierung der Straße ins Nachbardorf. „Die war damals noch nicht asphaltiert?" – „Nein. Wo denkst du hin." Auch heute noch wirkt das Dorf auf mich so urwüchsig, dass ich mir kaum vorstellen kann, dass es früher noch weniger Infrastruktur gab. Noch immer findet man in der Umgebung Verkehrsschilder, die in Richtung eines kurvigen Sandweges die nächste Ortschaft ausweisen.

Es geht dank Brigittes Engagement ein wenig voran für den kleinen Ort und auch für sie selbst. „Wir hier im Ort haben damals immer gesagt, wir alle stünden bei der Arbeitssuche mit dem Rücken zur Wand, weil wir uns hier an der polnischen Grenze ja nur Richtung Inland bewerben können." Doch dann findet sie etwas Neues. Sie liest 1992 eine Anzeige in der Zeitung, dass „Grenzpolizeiunterstützungskräfte" gesucht werden. Denn es gibt nach dem Zusammenbruch des Ostblocks viele Grenzübertritte in der Region. „‚Bei Eignung kann auch übernommen werden', stand da. Das hat mir Hoffnung gemacht." Nach einer verkürzten Ausbildung beginnt für sie der Schichtdienst an der Grenze. Sie ist eine von wenigen Frauen im neuen Beruf. „Aber wir Frauen waren auch wichtig, da ja nur Frauen andere Frauen abtasten dürfen." Im Auto fährt sie mit den Kollegen die kleinen Waldwege entlang, macht Halt an Grenzposten, löst Kollegen ab. Die neue

Uniform ist ungewohnt für die gelernte Uhrmacherin und Mutter von vier Kindern. Die Schuhe mit den Stahlkappen, die Hosen mit den großen Taschen. „Es gab für die Frauen auch Röcke, aber die hat niemand angezogen. Das habe ich nur einmal im Büro gesehen und musste schmunzeln. Für die Arbeit im Gelände waren die ungeeignet." Ihren Ehering trägt sie seitdem an der linken Hand, denn die vorwiegend männlichen Kollegen hatten einen so kräftigen Händedruck, dass ihr mit Ring die Hand ständig wehtat. Sie ist jetzt dafür zuständig, im Wald an der deutsch-polnischen Grenze Grenzgänger zu finden und festzunehmen. „Man musste auch fit sein", sagt sie. „Denn natürlich kam keiner freiwillig zu uns ans Auto." Es ist schwer vorstellbar, dass Brigitte „Stehen bleiben, Polizei!" ruft, in der Nacht in den Wald läuft und eine osteuropäische Familie festhält. Ich kann mir diese Vorgänge nicht ohne Angst, Geschrei und Brutalität vorstellen. „Die ganzen Schicksale der Menschen, die tausende Kilometer hierhergekommen sind, um ein besseres Leben zu haben ... Das geht nicht spurlos an einem vorüber." Sie hat in dieser Zeit gelernt zu verdrängen. „Das Mitleid muss man bei der Arbeit abschütteln!", sagt sie. „Die Gesetze waren damals halt so, dass diese Menschen illegal eine Grenze übertraten. Und ich war in einem Bereich von dreißig Kilometern dafür zuständig, das zu verhindern." Sie will das auch heute nicht hinterfragen. Sie will politisch neutral sein, sagt sie.

Wie veränderte sich der Zustand dieser Grenze eigentlich über die Zeit? Aus dem Grenzzaun zur DDR, der auf polnischer Seite stand, ist nach und nach ein verwildertes Denkmal geworden. Er wurde mehr oder weniger sich selbst überlassen. Noch heute findet man die verwitterten Steinpfosten mit ihren verrosteten Drähten am Rand eines Feldwegs, aber auch einen neuen Radweg entlang der Grenze. Die Zeitläufte stehen hier ganz real und parallel nebeneinander. Man kann sie sehen und anfassen. Mit dem Schengener Abkommen wurden auch die verbliebenen Grenzhäuschen an den Übergängen abgebaut. Erstmals mit Beginn der Corona-Pandemie wurde der Grenzübergang im Nachbardorf von polnischer Seite her wieder verschlossen. Ein riesiger Berg Sand wurde aufgeschüttet. Brigitte hat das gestört, denn wenn sie Ausflüge mit ihrem Mann unternimmt, fährt sie gerne nach Polen, nach Szczecin. Sie schwärmt von der Stadt, den Oster- und Weihnachtsmärkten, dem Eis und den Einkaufsmöglichkeiten. „Da ist immer was los. Wir sind immer dort, wenn wir etwas unternehmen. Noch heute spielt die Grenze in Brigittes Leben als Rentnerin eine große Rolle, nur auf ganz andere Weise als zur Zeit ihrer Tätigkeit als „Grenzpolizeiunterstützungskraft“. Bis zur Pensionierung arbeitete sie noch einige Jahre im Innendienst. Auch ihr Mann, der nach der Wende als Kraftfahrer arbeitete, ist jetzt zu Hause. Während unseres Gespräches hat sie das Hähnchen, das sie heute Morgen ohne meine Assistenz geschlachtet hat, sachgerecht zerlegt und wird es jetzt ihrem Mann zum Mittagessen zubereiten.

## „Meine Mutter war Melker. Und Schauspielerin!“

Schon seit Wochen versuche ich mich mit einer Frau zu verabreden, die einen Interview-Termin mit mir für ihre sechsundneunzigjährige Mutter Ingeborg ausmachen möchte. Sie hat von meinem Projekt im *Amtsblatt* gelesen, mir eine SMS geschrieben. Wir hatten beide mittlerweile das Coronavirus, haben schon oft in verschiedenen Gesundheitszuständen miteinander telefoniert. Dabei waren immer erst andere Familienmitglieder am Hörer, die nicht verstanden, was ich denn nun wollte. Reden oder schreiben oder nur Kaffee trinken? Jetzt stehen alle diese Familienmitglieder in der Tür eines altersgerechten Neubaus mit kaputtem Fahrstuhl und lächeln mich aufgeregt an. Der Enkel scheint zu groß für den Türrahmen, für das Vorzimmer. Die zwei Töchter sind der Mutter wie aus dem Gesicht geschnitten. Statt *einer* Biografie habe ich hier wohl die Geschichte eines ganzen Frauenclans vor mir, dessen sechsundneunzigjähriges Oberhaupt das älteste Mitglied im Mieterbund ist, erklären die Töchter mir schmunzelnd. „Wegen dem kaputten Fahrstuhl.“

Elke und Heike haben für mich Listen geschrieben mit Dingen, die sie für wichtig halten und die ich unbedingt aufschreiben soll. Hektisch tippt Elke immer wieder in der Notiz-App ihres Handys, damit nichts vergessen wird, während ich ihrer Mutter Milch in den Kaffee gieße. „Bitte nur einen Schluck! Danke ...“ Ingeborg rührt gemächlich in ihrem Kaffee und lächelt abwesend. Es dauert eine Weile, bis wir den Anfang ihrer Geschichte finden, weil alle so aufgeregt sind. Die Mutter Ingeborg sei 1925 in Sonnenwald im heutigen Polen auf einem Gut geboren, erklärt Heike schließlich. Ingeborgs Vater arbeitete für den Gutsbesitzer im Pferdestall. „Ein Freimaurer", flüstern die Schwestern. Ingeborgs Mutter kümmerte sich um die Hauswirtschaft des Gutes. Die Sehnsucht nach einem eigenen Stück Land wächst. Im Rahmen einer Ansiedlungsmaßnahme wird Land in Vorpommern auf Kredit vergeben, und so gelangt die Familie in die Gemeinde, ins Dorf, und baut sich hier 1935 eine eigene Landwirtschaft von einhundert Morgen auf. „Ein Morgen ist so viel, wie ein Bauer an einem Vormittag mit dem Pflug bewirtschaften konnte", erklärt Heike. Milchvieh, Schweine- und Gänsemast, Tabakanbau – damit verdient die Familie ihr Geld. Dann kommt der Krieg ins Dorf und prägt Ingeborgs Leben als junge Frau nachhaltig. „Ständig waren Soldaten auf der Straße und im Wald", sagt die alte Dame, die plötzlich wieder hellwach wirkt. Viele Frauen arbeiteten damals in der Munitionsanlage der Wehrmacht im Ort, bei der Abfüllung von Granaten, der Lagerung und dem Scharfmachen der Munition. Ingeborg aber hilft ihrem Vater auf dem Hof, seit die beiden Brüder im Krieg sind. Er wird aufgrund einer Malaria-Erkrankung aus dem Ersten Weltkrieg nicht eingezogen, und sie geht dem Mann, der Zeit seines Lebens von Fieberschüben geschüttelt wird, auf dem Hof zur Hand. „Die Straße nach Glashütte wurde gegen Kriegsende zerstört. Mein Vater schaffte es nicht, bei den

Reparaturarbeiten zu helfen. Also habe ich mit dem alten Großvater Steine geschleppt und die zerbombte Straße wieder aufgebaut. Kopfsteinpflaster legen war eine Quälerei", sagt die Hochbetagte. Dann hat Ingeborg ein schwer traumatisierendes Erlebnis. Nach ihrer erfolgreich abgeschlossenen Ausbildung als Hauswirtschafterin hilft sie ehrenamtlich im Lazarett in Stettin. Schon die Großmutter hatte sich für Heilpflanzen interessiert. Das Interesse an Krankheiten und ihrer Heilung ist auf die junge Ingeborg übergegangen. Als sie sich im Keller der Stettiner Frauenklinik mit den Kindern, den Babys und jungen Müttern versteckt, regnet es plötzlich Phosphorbomben. Phosphor gelangt auch in den Schutzkeller und verbrennt den kleinen Kindern Füße und Beine. „Alles schrie, überall war Feuer und es gab einen stechenden Geruch von verbranntem Fleisch, hat sie uns immer wieder erzählt", sagt Heike, ihre Tochter, denn Ingeborg will heute nicht davon reden. Sie hilft, die brennenden Kinder aus dem Keller zu transportieren, und bleibt selbst wie durch ein Wunder unverletzt. Mit den zu Hilfe kommenden Soldaten löscht sie die brennenden Beine der Kinder in einer milchigen Flüssigkeit, versorgt dann die Brandwunden. Die Kinder kommen zur weiteren Versorgung in das damalige Krankenhaus nach Anklam. „Noch später, wenn sie Menschen im Rollstuhl in Anklam sah, war sie davon überzeugt, eines dieser Kinder von damals vor sich zu haben", sagt Elke. Wegen dieser Erlebnisse ist Ingeborg, ist die Familie immer pazifistisch eingestellt geblieben, erklärt Elke. Sowieso waren Ehrlichkeit, Fleiß und Hilfsbereitschaft wichtige Familientugenden. „Wir stammen übrigens von Störtebeker, dem Piraten, ab", lacht Elke. „Wir haben mal den Arierausweis meiner Mutter gefunden. Da stand das drin. Störtebeker hat ja auch die Armen unterstützt. Und theoretisch liegt noch unser Familienschatz im Hafenbecken von Stettin!" Heike und Elke lachen. „Mein Vater hatte auch so ein gutes Herz. Er hat sich für ein Pärchen polnischer Zwangsarbeiter eingesetzt. Die durften ja nachts nicht aus dem Haus. Er hat immer Schmiere gestanden, wenn das Liebespaar sich heimlich traf. Er hätte dafür erschossen werden können. Sie durften auch ganz normal mit uns am Tisch Mittag essen", erklärt Elke. Oft kam ein Spitzel auf den Hof, um nachzusehen. Erst schloss die Familie die Haustür, später auch die Hintertür beim Mittagessen ab, um ungestört ihre Vorstellungen von menschenwürdiger Behandlung durchzusetzen. Zeitlebens gibt es Kontakt zwischen der deutschen Familie und dem ehemaligen polnischen Zwangsarbeiterpaar, die noch lange dankbar sind, dass ihre Situation nicht ausgenutzt wurde.

Nach dem Krieg wird das Elternhaus zur russischen Kommandantur, und die Soldaten zerschießen im Suff die Türen und das Familienporzellan. Die Einschusslöcher sind heute noch sichtbar. Und noch lange gibt es in der Familie immer zu wenig Porzellan, zu wenig Geschirr auf dem Mittagstisch. Einmal muss Ingeborg für die Heirat einer Tante bei den Nachbarn von Tür zu Tür gehen und um Porzellan für die Hochzeitstafel bitten. Das prägt sich ihr ein. Ingeborg macht sich ihr Leben lang immer Sorgen um Tassen und Teller, pflegt, begutachtet, kauft nach, damit immer genug beisammen ist. „Sie hatte einen richtigen Porzellantick“, sagen ihre Töchter, die in der Zeit der DDR-Sammeltassen groß geworden sind. In der Besatzungszeit soll Ingeborg mit anderen jungen Frauen von den Sowjets ins Erzgebirge geschickt werden, um als Wirtschafterin dem dortigen Uran-Bergbau zur Verfügung zu stehen, doch ihr Vater verhindert das. „Ingeborg muss mich pflegen! Ingeborg übernimmt den Hof!“, erklärt der malariakranke Kleinbauer und schützt damit seine Tochter wohl vor Zwangsarbeit und sexueller Gewalt. Ingeborgs Brüder sind zu diesem Zeitpunkt noch in Kriegsgefangenschaft, als sie zu Hause die Verantwortung übernimmt und schließlich heiratet.

„Hat Ingeborg eigentlich ihren späteren Mann geliebt?“ – „Also *er* hat sie geliebt, abgöttisch!“, sagt Elke. „Sie hat ihn … akzeptiert.“ Ingeborg habe zeitlebens ihrer Jugendliebe nachgetrauert. Ihr späterer Mann aber, der Sohn des Großbauern, hat es zunächst schwer bei ihr, obwohl er sich zusammen mit anderen interessierten jungen Männern täglich zu Fuß zum Hof ihrer Eltern auf den Weg macht. Obwohl sich die Erwachsenen die romantische Verbindung schon bei der Konfirmation der Kinder überlegt hatten. „Wir werden mal Schwippschwager“, sagte der Schwiegervater, der die größte Landwirtschaft im Dorf hat, damals zu ihrem Vater. Ingeborg willigt schließlich in das Arrangement ein, und aus der dann doch recht glücklichen Ehe, wie die Töchter finden, gehen drei Kinder hervor: Gerald, Heike und Elke.

Die Töchter erinnern sich daran, dass sie schon früh auf dem elterlichen Hof helfen müssen. Tabak fädeln,

Holz reinholen, Küchenhexe befeuern, Gemüsebeete haken, Kaninchen versorgen, all das sind Kinderaufgaben. „Am schlimmsten war das Kartoffelkeimen!" Die fauligen, alten Kartoffeln aus dem Kartoffelkeller zu holen, zwischen denen manchmal noch Mäuse herumsprangen, sie zu entkeimen, um daraus Schweinefutter zu machen, gehört auch dazu. „Diese matschigen, stinkigen Kartoffeln und die Tierchen dazwischen, das war so ekelhaft! Wir bekamen auch immer Ärger in der Schule, weil wir davon so dreckige Fingernägel hatten. Einmal hat die Lehrerin mir die Nägel blutig geschrubbt, da hat sie aber von meiner Nenn-Oma eins draufgekriegt." Die Dorfschule ist zu dieser Zeit ein skurriler Ort, voller Gewalt, aber auch Hilfsbereitschaft für die Kinder ärmerer Familien. „Man hat die Ärmeren mitversorgt, das war ganz normal." Nach jedem Dorffest fällt der Unterricht aus, weil der Dorflehrer verkatert im Bett liegt. Seine Frau liest den Kindern dann das *Dschungelbuch* vor, statt zu unterrichten. „Das waren jedenfalls die besten Schultage." Schläge auf den Hintern sind ebenfalls an der Tagesordnung. Gleichzeitig genießen die Kinder große Freiheiten. „Wir haben nur gefährliche Sachen angestellt", erinnert sich Elke. „Einmal haben wir bei den gesprengten Bunkern im Wald einen Tunnel gefunden, der bis zur Munitionsanlage, zur Muna, ging. Wir sind dann nach einem Kilometer auf der Muna rausgekommen, mitten auf dem gesperrten Militärgelände der NVA. Stundenlang hat die Stasi uns Kinder verhört, als hätten wir irgendetwas Staatsgefährdendes vorgehabt!" Ein andermal wird ein Kind in einem dieser Tunnel verschüttet. Die Kinder ziehen ihren Freund aus den Trümmern, und Elke als Anführerin holt ihm Schutt und Erdklumpen aus dem Mund, damit er wieder richtig atmen kann. Der kleine Junge kommt zu sich, bleibt bis auf ein paar Schrammen unverletzt. Elke sagt: „Wenn ich an die ganze Munition denke, die damals noch im Wald lag, wird mir heute noch schlecht."

Begegnungen zwischen dem neuen Staat und der Familie sind von Anfang an konfliktreich. Als aus dem kleinen Bauernhof der Familie im Rahmen der Zwangskollektivierung LPG-Eigentum wird, auch die geliebten Pferde der Familie in die Genossenschaft übergehen, geht es dem Vater schlecht. Er hat sein Lebenswerk und seine Selbstständigkeit verloren. „Als eines morgens eines seiner geliebten Pferde wegen der miserablen Pflege durch die LPG tot in dem Stall lag, der vor ein paar Monaten noch sein eigener gewesen war, hat Vater vollkommen innerlich abgeschlossen", sagt Elke. Eigentlich ist ihr Vater ein lebenslustiger Mann, der auch aus dem Mangel noch etwas macht. Nach dem Krieg findet er beim Spazierengehen einen Fahrradsattel im Gras und sagt: „Das ist der Anfang!" Er baut sich nach und nach aus dem gefundenen Reifen eines Kinderfahrrads und einem verrosteten Rahmen ein sehr außergewöhnliches Gefährt zusammen: „Es hatte hinten ein kleines und vorne ein großes Rad", lacht Heike. „Aber damit war man zumindest schneller als zu Fuß. Später hatte er auch den ersten Traktor im Dorf." Das Unbedarfte an ihrem Vater ist seit der Abgabe des Hofes verschwunden, stattdessen hat Melancholie Einzug gehalten. Und er ist nicht der Einzige im Dorf, der unter der Zwangskollektivierung leidet. Sie erzählt von anderen Bauern, denen ein so hoher Abgabesoll auferlegt wird, dass sie Suizid begehen. „Als sie davon hörten, haben meine Eltern verstanden, in was für einem Staat sie leben.“ Sie weiß noch, wie die Eltern dornige Rosen vor dem Wohnzimmer pflanzen, damit die Gespräche nicht so leicht mitgehört werden können, und wie die Eltern dennoch Fußspuren im Beet vor diesem Fenster finden.

Es beginnen karge Zeiten, und die Familie versucht, sich mit allen möglichen Aktivitäten über Wasser zu halten. So machen es alle im Dorf. Auf dem Feld werden nach der offiziellen Ernte die restlichen Kartoffeln und Rüben herausgesucht. „Gestöppelt“, sagt Elke, eine typische Frauenarbeit von damals. Man konnte sich auch mit Rübenverziehen und Unkrauthacken etwas verdienen. „Auch die Kinder haben das gemacht. Ein Morgen, wenn man gut war.“ Das eigene Obst der Bäume aus dem Garten wird an die BHG, die Bäuerliche Handelsgenossenschaft, abgeliefert. „Man bekam mehr pro Kilo ausgezahlt, als man als Kunde im Laden bezahlt hat. Das war unsere Stütze.“ Selbst Muttermilch wird von den Frauen abgepumpt und in der Apotheke abgeliefert. Ein lukratives Geschäft. Es gibt oft Neid zwischen den Frauen, die viel und denen, die von Natur aus wenig Muttermilch produzieren. Eine andere Möglichkeit ist es, der LPG Ferkel, die für nicht überlebensfähig gehalten werden, abzunehmen und weiterzuverkaufen. Obwohl das Mästen und Weiterverkaufen offiziell verboten ist, halten sich damit viele über Wasser. Ingeborg unternimmt waghalsige

Fahrten mit ihrem Mann auf dem Motorrad mit drei Ferkeln im Rucksack. Eines von Ingeborgs Ferkeln ist so anhänglich und schlau, dass es das Familienhaustier wird. „Pfiffy haben wir es genannt. Wie ein Hund hat es meine Mutter zum Einkaufen begleitet und uns von der Schule abgeholt.“ Irgendwann wird das dorfbekannte Schweinchen eine stattliche Sau und stößt eine ganze Milchtonne um. „Da hat meine Mutter dann doch durchgegriffen. Pfiffy wurde geschlachtet. Ich mochte gerne Sülze, aber Pfiffy konnte ich nicht essen“, klagt Elke heute noch.

Ingeborg hat noch eine ganz andere Seite, ist nicht nur Melkerin in der LPG und führt den Haushalt. „Meine Mutter war auch Schauspielerin“, sagt Elke. Ingeborg ist Mitbegründerin der Dörpschaft. Neben einem Chor studiert die Dörpschaft Schauspieleinlagen für die Dorffeste ein. Zum Beispiel die Kuh, die die Wahrheit sagt. Zwei junge Landarbeiter stecken in einem Kuhkostüm, ein weiterer hält das widerspenstige Tier an einem Strick, das immer wieder auszubrechen droht. Eine Komödie, mit deren Hilfe Kritik an der LPG-Leitung geübt werden kann. „Als der Jahresplan vorsah, unreife Kartoffeln zu ernten, war es die Kuh, die darüber klagte, dass die unreifen Kartoffeln weggeworfen werden müssten. So hat die Führungsriege die Meinung der Bauern mitbekommen und eingesehen, dass die Anordnung unsinnig war.“ Auch auf Hochzeiten tritt diese Kuh auf, um unangenehme, aber lustige Dinge aus dem Dorftratsch zu verbreiten. „Ehemänner, die fremd gingen oder keine Alimente zahlten, so etwas eben, da wurde viel gelacht“, erinnert sich Elke.

Ingeborg verkleidet sich bei diesen Veranstaltungen als alte Bäuerin, als „Buern Ollsch“, und während sich eine andere Schauspielerin auf der Bühne die Fingernägel hübsch macht, denkt die Ollsch kurz nach, holt dann die alte Wurzelbürste aus ihrem Korb und macht sich damit die Nägel. Sie liebt das Gelächter und den Applaus der Leute, steht ständig auf Hochzeiten und Geburtstagsfeiern mit dem Mikrofon in der Hand vor der Gesellschaft. „Deshalb gab es schon oft Ärger zu Hause. Mein Vater mochte das nicht. Meine Mutter aber liebte es, im Mittelpunkt zu stehen, und hat sich das nicht nehmen lassen.“ Gelächter gab es auch, als in einer Woche die gesamte Familie einen Gips trug. Erst bricht sich der Vater den Arm an einer Kurbel, dann rutscht die Mutter beim Melken aus. Die Tochter stürzt beim Schlittschuhlaufen und schließlich hat der Sohn einen Sportunfall. Außer Elke tragen alle Familienmitglieder am rechten Arm einen Gips, und als der Hausarzt die Familie ins Behandlungszimmer ruft, staunen die Leute im Wartezimmer nicht schlecht: Vier Patienten stehen gleichzeitig auf und humpeln Richtung Tür. „Gab’s in eurer Familie ’ne Massenklopperei?“, ruft einer hinter ihnen her. Elke muss noch immer kichern. Aber dann passiert ein schwerer Unfall. Die Mutter bekommt beim Anschirren der Pferde auf der Arbeit die Deichsel eines Wagens in den Bauch. Eine zu spät bemerkte innere Blutung bringt Ingeborg ins Krankenhaus. „Du wirst es nicht glauben, aber mein Vater konnte Leute besprechen, püstern sagen wir dazu. Er hat meine Mutter zurück ins Leben gesprochen.“ Auch Elke habe diese Fähigkeit des Besprechens geerbt, sagt sie. „Leider habe ich es nie richtig gelernt, weil mein Vater es nicht wollte.“ Seit dieser Zeit ist Ingeborg arbeitsunfähig und bekommt eine kleine Invalidenrente. Wenn man Bilder von der Familie betrachtet, sieht man oft den Ehemann, den Traktoristen der LPG, von einer Schar Kinder und Tiere umringt unter einem Baum sitzen, oder die beiden Eheleute bei der Ernte. Es sind friedliche Bilder, die einen Einblick in ein idyllisches Landleben gewähren, das Leben einer Familie, die doch viel durchgemacht hat.

Ingeborg überlebt ihren Ehemann um viele Jahre. Noch lange lebt sie in dem Wohnhaus des ehemaligen Bauernhofs an der Dorfstraße neben der Kirche. Sie will selbstständig bleiben. Als sie die Birnen allein nicht mehr ernten kann, nimmt sie die Schrotflinte ihres verstorbenen Mannes und schießt die Birnen vom Baum. Da ist sie über achtzig. „Sind die Birnen dann nicht durchsiebt?“, lache ich. „Na ja, wenn du den Stiel gut triffst“, sagt Elke. „Zielen konnte sie ja noch gut. Nur die Nachbarn mit den kleinen Kindern bekamen Angst. Verständlicherweise.“ Ingeborg hat einen ganz schönen Dickkopf, lerne ich. Denn sie besteht noch lange darauf, die Birnen auf diese Weise zu ernten. Erst als die Töchter erklären, die Waffe sei beim Büchsenmacher, und schließlich sagen, sie sei nicht mehr verwendbar, fragt sie irgendwann nicht mehr danach. Die Nachbarn sind erleichtert. Ingeborg war für die Enkelkinder, die Dorfkinder immer die große Geschichtenerzählerin. Eine, die die Legenden des Dorfes aufbewahrte. Heute übernehmen ihre Töchter diese Funktion und Ingeborg hört vielleicht zu. Man kann nicht genau sagen, was sie noch versteht, auch wenn sie sich manchmal ins Gespräch einschaltet. Bei meinen nächsten Besuchen wird sie immer wieder aufs Neue fragen, wer ich denn sei, und einmal ruft sie im Hausflur im Nachthemd: „Wer stört hier meinen Schlaf zu früher Stunde?!“ Und grinst mich herausfordernd an.

Ingeborg verstarb eine Woche nach unserem letzten Gespräch am 9. April 2022 im Alter von sechsundneunzig Jahren.

## „There is no magic!“

Heike ist nicht von hier. Sie ist Schwäbin. Sie ist zwei Jahre jünger als ich und leitet einen landwirtschaftlichen Betrieb mit mehr als zwanzig Angestellten. Sie verhandelt Arbeitsverträge, macht Dienstpläne und Bilanzen und ist verantwortlich für den gesamten Viehbestand einer Höfegemeinschaft. Letztes Jahr ist sie in die Geschäftsleitung gewechselt. Aber davon höre ich erst später. Jetzt beobachte ich sie dabei, wie sie in ihrer Arbeitsmontur von ihrem Bürosessel aufsteht und Regenkleidung an eine neue Mitarbeiterin ausgibt, denn vor der Scheibe ihres Büros regnet es Bindfäden, und Landwirtschaft bedeutet vor allem eines: körperlich anstrengende Arbeit an der frischen Luft, 365 Tage im Jahr. Auch für Frauen. Matsch, Gestank, Muskelkater, denke ich. „Was nicht heißt, dass du dich nicht mit Excel auskennen musst“, ergänzt Heike meine Gedanken. Mir fällt ein, dass ich ihr Büro schon oft von Weitem gesehen habe. Ein erleuchtetes Rechteck in der Dunkelheit am Ortsrand, gegenüber vom Dorffriedhof. Jetzt verstehe ich, dass Heike dann immer noch da ist, wenn alle anderen schon Feierabend gemacht haben. Auch am Sonntag genießt sie die Ruhe, die dann im Büro einkehrt. Obwohl Heike gar nicht mit mir sprechen wollte, weil sie ihr Leben nicht besonders interessant findet, fängt sie, noch während sie sich wieder hinsetzt, an zu erzählen, und ich merke, dass ihr das Spaß macht. „Als ich hierhergekommen bin, habe ich ja gedacht, ich komme in eine

Arbeitskultur, in der es normal ist, dass junge Frauen Verantwortung übernehmen", sagt sie. „Dass Frauen in der DDR arbeiten gingen, war ja zunächst aus der Not entstanden, nach dem Zweiten Weltkrieg, weil es keine Männer mehr gab und die Wirtschaft irgendwie wieder aufgebaut werden musste. Und dann ist es ja in die Arbeitskultur eingegangen." Heike hat sich nicht auf unser Gespräch vorbereitet, sie weiß das alles, weil es sie interessiert, weil es sie betrifft. „Deshalb dachte ich ja, ich habe hier weniger Probleme als im Westen." Sie verdreht die Augen, denn sie musste sich nicht nur im Westen, sie muss sich auch hier im Betrieb immer noch ganz schön durchbeißen. „Weiblich, Wessi und studiert. Ich habe einfach zu viele Dissfaktoren." Wir lachen. Heike, das heißt wohl auch immer: Stand-up-Comedy.

Heike ist eine Pionierin. Das war sie schon immer. Gebürtig aus einer schwäbischen Kleinstadt, ist sie die Erste in ihrer Familie, die Abitur macht. „Wenn du drei Jahre länger zur Schule gehen darfst, musst du auch was daraus machen", sagt der Vater ernst. Mit dem Druck kann sie umgehen. Sie ist naturwissenschaftlich interessiert: Physik, Biologie, Chemie. Aber sie liebt auch die realen Begegnungen: zwischen Menschen, zwischen Kulturen, zwischen Menschen und Tieren. Was ihr Studium betrifft, darf sie sich frei entscheiden. Sie macht einen Bachelor in Agrarwissenschaften und einen Master in Landwirtschaft der Tropen und Subtropen. Ihr Weg führt sie weit weg vom Schwabenland. Mit einer christlichen Organisation reist sie nach Malawi, nach Israel und ins Westjordanland. Sie arbeitet in der Entwicklungshilfe und schreibt ihre Masterarbeit über Wassernutzung. Später wird sie sagen: „Aber ich war noch nie soweit nördlich wie jetzt, wie hier." Sie erklärt mir, dass sie bei ihren Auslandsreisen gelernt hat, dass die interkulturelle Zusammenarbeit ein mühsamer Prozess ist. „Ich musste erst lernen, genau hinzusehen, mit wem ich es zu tun habe, und mich in das Gegenüber hineinzuversetzen." Sie hat bemerkt, dass ihr diese Fähigkeit auch heute noch zugutekommt. „Der Sommerstudent, der in meinem Betrieb sein Praktikum macht, spricht schließlich eine andere Sprache als der berufserfahrene Landwirt, der hier im Dorf geboren ist." – „Nur die Rinder sprechen überall auf der Welt die gleiche Sprache", sage ich. Als ich sie das erste Mal mit den Tieren sprechen höre, glaube ich, mich verhört zu haben. Ruft sie wirklich „Yalla yalla"? „Na klar! So haben wir die Rinder im Westjordanland von A nach B getrieben." Und schon wieder ruft sie in den düsteren Stall, der früher zur LPG gehörte, „Yalla yalla!" Die Jungbullen wenden träge ihre fellbehangenen Schädel in unsere Richtung.

Was mir Heike auf der Fahrt zum Schlachter über die Rinder erzählt, ist für mich sprachliches Neuland. Es gibt „Fleischrassen" und „Milchrassen". Die LPG hatte damals diese beiden Arten gemischt, deshalb sehen die Rinder hier auf dem Biohof auch so besonders aus. Besonders nett, finde ich, wie freundliche Straßenköter. Sie haben damals Uckermärker und Schwarzbunte gekreuzt, und Heike hat versucht herauszufinden, welche Idee dahintersteckte. „Where is the magic? habe ich mich gefragt. Geben sie mehr

Milch? Aber: There is no magic! Sie geben weder besonders viel Fleisch noch viel Milch. Es sind halt Allroundrinder. Wir kreuzen Angus ein, damit sie wieder mehr Fleisch geben." Wenn die Kälber der Allrounder 600 Kilogramm auf die Waage bringen, werden sie zum Schlachter gefahren. Dreißig Minuten fahren wir mit einem einzelnen Rind durch den Nieselregen in einen kleinen Schlachtbetrieb. Die Leiterin wartet schon. Auch hier ist die Verantwortliche eine Frau. Ein kurzes Gespräch über die Qualität der letzten Salami: „Irgendwas stimmt da nicht, hatten eure Rinder Stress?" Heike winkt ab. Der modebewusste Schlachterlehrling, rote Wollmütze, roter Rollkragen, weißblutige Schürze, tätowierte Unterarme, lässt unsere Färse vom Anhänger, und schon sind wir wieder auf der Rückfahrt. „Die Schlachtmethode kann in der biologischen Landwirtschaft ganz konventionell sein, ‚biologisch' bezieht sich nur auf die Aufzucht, auf Haltung und Fütterung", erklärt mir Heike. Und dass es neben dem Bolzenschuss auch die Möglichkeit des Weideschusses gibt. „Das ist eine gute Methode, aber es gibt sehr enge zeitliche Rahmenbedingungen. Das Tier muss gut getroffen sein. Dann muss es in dreißig Sekunden an den Hinterbeinen hochgezogen und zum Ausbluten angestochen werden. Auch die anschließende Weiterverarbeitung beim Schlachter ist aus hygienischen Gründen eng getaktet." Heike referiert ausführlich über unterschiedliche Schlachtmethoden, während wir in die Auffahrt des Biohofs einbiegen. „Wer sind denn die da hinten?", frage ich. Hinter dem Stall, nur durch einen dünnen Draht von der restlichen schlammigen Umgebung getrennt, stehen drei muskulöse, schwarzrötlich schimmernde Angusbullen reglos in der Abenddämmerung. Nur die Dampfwolken aus den Nüstern lassen erraten, dass es keine Skulpturen, sondern Lebewesen sind. Es sind die Zuchtbullen. Ich solle hier immer vorsichtig sein, wenn ich auf dem Hof bin, rät mir Heike. Die Bullen können Menschen angreifen. Sie drücken diese dann mit dem mächtigen Kopf am Brustkorb zu Boden, was tödlich enden kann. Heike erklärt, dass man mit einem großen Traktor den Angegriffenen zwischen die Räder nehmen kann, um ihn vor dem Tier abzuschirmen. Mensch und Maschine verbünden sich dann gegen das Tier, eine seltsame Vorstellung. Die bulligen Muskelberge verharren weiter still und dampfend neben den Landmaschinen. „Die anderen Jungs hier gehen dann morgen zum Schlachter." Die zotteligen Jungrinder, die so hübsch im letzten Abendlicht im Stall stehen, schauen uns neugierig an. „Auch der Schwarze mit dem weißen Fleck am Ohr?" – „Auch der", sagt sie und blickt gelassen auf die Gruppe todgeweihter Herren.

Heike hat sich von Anfang an der biologischen Landwirtschaft verschrieben und sieht darin die Zukunft. Denn nur, wenn es den Tieren gut geht, sind sie auch lange Zeit nutzbar. Nur dann ist ein nachhaltiges Wirtschaften möglich. Das Gleiche gilt für die Böden. Sie hat zuvor in einem wesentlich kleineren Betrieb in Baden-Württemberg gearbeitet: hundert Schafe, siebzehn Kühe und eine Menge Kleinvieh. Außerdem wurden hier Langzeitarbeitslose reintegriert. Die soziale Komponente ist Heike auch jetzt noch wichtig. Sie machte es möglich, dass eine junge Mutter in Teilzeit auf dem Hof arbeiten konnte, und hat zwei weibliche Auszubildende angestellt. „Aber das war kein feministisches Programm. Sie waren einfach besser als die männlichen Bewerber." Eine Frau als Betriebsleiterin haben mittlerweile alle akzeptiert. Sicher auch, weil Heike sich durchsetzen und auch schon auch mal auf den Tisch hauen kann. Sie hat mittlerweile verstanden, dass es bei Konflikten meist nicht um ihre eigene Person geht, sondern um die gesellschaftliche Lage, um deutsch-deutsche Geschichte und schwierige Wende-Biografien.

Nachdem sie Ende 2019 hier anfing, gerät sie kurze Zeit später durch die Corona-Pandemie erst einmal in einen Lockdown. Viele, die in der Höfegemeinschaft arbeiten, fahren am Wochenende zu ihren Partnerinnen und Partnern nach Berlin. Sie selbst kann das nicht, denn ihre Familie wohnt 850 Kilometer entfernt. Heike bleibt in dieser Zeit oft nur der Rückzug in die Natur. „Aber die ist extrem schön hier", sagt sie. „Ich habe mich einmal im Monat mit Freunden in Brandenburg getroffen. Dann sind wir eine Runde um den See spazieren gegangen, haben einen Tee getrunken und jeder fuhr wieder eineinhalb Stunden zurück zu seinem Wohnort. Das war lange Zeit mein Sozialleben." Es war eine schwierige, eine einsame Zeit. Erst im Sommer 2021 geht ihr Leben hier so richtig los. Plötzlich ist ihr Kalender so voll mit Treffen und Veranstaltungen, dass sie es gar nicht schafft, alle wahrzunehmen. „Das war ein tolles Gefühl. Denn ich bin eigentlich nicht der Typ, der wartet, bis die Leute auf einen zukommen. Ich werde schon gern selbst aktiv."

Sie fühlt sich jetzt versöhnt mit der langen Zeit der Isolation.

Wo wird Heike in zehn Jahren sein? „Zumindest werden wir dann wissen, ob der liebe Gott wollte, dass ich Kinder bekomme." Sie blickt aus dem Fenster auf die verregnete Straße. Ob sie dann noch hier ist? „Das kann schon sein, schließlich habe ich mir ein Kajak gekauft." Sie lacht. Sie will im nächsten Sommer die Gegend vom Wasser her erkunden, denn in Pandemiezeiten hat sie zu Fuß so ziemlich alles gesehen. Eigentlich wäre Kajakfahren zu zweit schöner, aber einen Partner hat sie aktuell nicht. Bei der Arbeitsbelastung in der Landwirtschaft sei das auch nicht ganz so einfach. Schon die Suche gestalte sich schwierig. Einmal wollte sie jemanden treffen, der schrieb ihr nachts um zwei Nachrichten vom Traktor aus. „Wie soll das etwas werden? Wann hätte der Zeit für mich?" Sie kichert. Ihr Leben plant Heike im Halbjahresrhythmus. Sie zieht alle sechs Monate Bilanz und überlegt sich, ob eine Veränderung sinnvoll wäre. Die letzten zwei Jahre hat sie all ihre Energie in die Karriere gesteckt. Ist Heike jetzt hier angekommen? „Ja, auf jeden Fall. Ich liebe meine Arbeit hier. Wir haben eine tolle Mischung von Menschen auf dem Hof, und hier ist viel in Bewegung." Heike zieht den Reißverschluss hoch bis ans Kinn. Es geht wieder zurück in den Rinderstall. Der ganz normale Tag in der Landwirtschaft geht jetzt ohne mich weiter. „Wie sagt man bei uns: Net bruddelt isch g'nug g'lobt." Nicht geschimpft ist genug gelobt.

## „Ein Nest voller Arbeit"

„Alexa: Aus!" ruft Charlotte in den Wintergarten. Dann schweigt das Radio und wir können uns in Ruhe unterhalten. Das ist sehr skurril, weil ich Alexa noch nie benutzt habe und mir von einer Siebenundachtzigjährigen demonstrieren lasse, wie ein Sprachassistent funktioniert. Charlotte hat eine Bestimmtheit in der Stimme, die mich zusammenzucken lässt, die erahnen lässt, dass die zarte Person von den Schwarzweißbildern an der Wand immer wusste, was sie wollte und das auch durchsetzen konnte. Charlotte ist eine der Ältesten im Dorf. Sie ist die Frau des ehemaligen Bürgermeisters, der ein beliebter Mann im Ort war. Nicht nur zu DDR-Zeiten, auch danach. Jemand, der für Kontinuität über die Brüche der Wendezeit hinweg stand. „Der beste Bürgermeister, den wir je hatten." Das höre ich in vielen Haushalten. Seine Beerdigung im Jahr 2008 hatte die Ausmaße der Beerdigung Dostojewskis. „Alles war abgesperrt. Schwarz gekleidete Menschen bis rüber zur LPG", sagt jemand, obwohl die LPG schon lange nicht mehr existiert. Manche sagen auch, Charlotte sei die eigentliche Bürgermeisterin gewesen. „Der hat dir aber ein schönes Nest gebaut, dein Mann", sagte einmal eine Bekannte zu Charlotte, wohl etwas neidvoll, und sie erwiderte damals: „Ja. Ein Nest voller Arbeit." Heute lacht sie darüber. Das mit der Arbeit scheint sich in ihren Körper eingeschrieben zu haben, denn auch heute, auf ihrem warmen Plätzchen im Wintergarten, neben sich ein Rollator, habe ich sie nie ohne eine Strick- oder Häkelarbeit angetroffen.

Aufgewachsen ist Charlotte auf einem Gut in Pölitz (heute Police) in der Nähe von Stettin als Tochter des Kutschers. Der Gutsherr ließ seine Kinder mit den Kindern der Angestellten spielen. Sie hat diese Zeit als unbeschwert in Erinnerung. „Er war ein Mensch mit einem guten Herzen. Nur tat er mir leid. Seine Frau war so hässlich." Charlotte ist nicht nur durchsetzungsstark, sie ist auch frech. „Und in seinem Obstgarten durften wir nie spielen. Er hatte Angst, dass wir die Äpfel klauen." Als sie zehn Jahre alt ist, rückt der Krieg immer näher. Sie erleben die Angriffe auf Pölitz, das bombardiert wird, weil hier im größten deutschen Hydrierwerk ab 1940 synthetisches Benzin produziert wird. Sie verbringen viele Nächte im Luftschutzkeller und haben oft Angst um den Großvater, der aufgrund einer Kriegsverletzung aus dem Ersten Weltkrieg nicht die weite Strecke und die steilen Treppen in den Luftschutzkeller zurücklegen kann, während die Bomben auf das Dorf niederprasseln. Die erste Flucht vor der näherkommenden Front geht mit der Mutter über Stralsund nach Rostock. „In Stralsund sind viele Mütter mit ihren Kindern vom Zug aus ins Wasser gegangen. Schrecklich war das. Sie haben sich umgebracht, weil sie keinen Ausweg gesehen haben. Meine Mutter hat das auch überlegt, ist dann aber doch weiter." Die Kinder bekommen alles mit. Im Flüchtlingslager in Rostock geht das Grauen weiter. „Eine Sache, die ich mein Leben lang nicht vergessen werde, ist die Nacht, in der meine Mutter mich vor den Soldaten versteckte." Die Mutter kann sich zusammenreimen, was ein sowjetischer Offizier zu einem Soldaten gesagt hat: „Die Kleine mit den blonden Locken, die nehmen wir uns heute Abend mit." Am Abend versteckt sie Charlotte, und als die Soldaten vor der Tür stehen, ist „die Kleine mit den blonden Locken" unauffindbar.

Nach Kriegsende dürfen die Stettiner Flüchtlinge zunächst zurück in ihre Heimat. Das Gutshaus ist verwaist. „Die Russen ballerten in dem schönen Obstgarten herum." Beim Spielen finden die Kinder tote deutsche Soldaten im Gestrüpp. „Für uns Kinder war das sehr interessant", erklärt sie: „‚Papa, ein Toter, wieder ein Toter!', haben wir dann gerufen. Mein Vater ist dann mit ein paar Männern los und hat die Leichen vergraben. Es wusste ja keiner mehr, wer das war." Alle deutschen Großbauern sind zu diesem Zeitpunkt schon aus der Gegend verschwunden, und als Stettin im Juli 1945 polnisch wird, muss auch Charlottes Familie gehen. Es folgt die zweite Flucht, diesmal über die Oder. „Ich erinnere mich, dass es da eine leer stehende Waschmittelfabrik gab, in die meine Mutter und die anderen Frauen eingestiegen sind und mit dem Rucksack Waschpulver gestohlen haben." Sie erinnert sich an diese Berge von weißem, duftendem Pulver und an Wasser, viel Wasser, das Wasser der Oder. Schließlich bleiben sie kurz hinter der neuen deutsch-polnischen Grenze als Flüchtlingsfamilie im Dorf.

Die Familie baut sich in der neuen Heimat eine kleine Landwirtschaft auf, schickt die Kinder, Charlotte und ihre beiden Schwestern, in die Dorfschule.

Sie erinnert sich an die Tabakernte und die Herstellung von Mohnöl. „Ja, und dann hab ich schon bald meinen Mann kennengelernt", sagt Charlotte. In der kleinen Dorfschule, in der nach dem Krieg die Klassen eins bis acht im selben Raum unterrichtet werden, werfen sich die beiden Blicke zu. Sie wohnen in der Nachbarschaft. Er hilft ihr bei der Kirschernte, und als Charlotte vierzehn ist, werden sie ein Paar. „Dein Mann sah damals ein bisschen aus wie Franz Kafka", sage ich zu ihr. „Die Leute haben mir immer gesagt, er sieht jüdisch aus." Sie macht eine bedeutungsvolle Pause. Inwiefern es nach Kriegsende hier auf dem Dorf Anfeindungen gibt, bekomme ich aus ihr aber nicht heraus. „Dann war ich plötzlich schwanger. Es ging alles sehr schnell." Ihr Vater ist gegen eine Verlobung. Schließlich wird 1954 doch geheiratet, „bei Tante Käthe im Saal", und es folgen zwei weitere Kinder. Aber das Hausfrauenleben ist ihr nicht genug. Nach langen Streitereien mit ihrem Mann, der von ihr erwartet, zu Hause zu bleiben und sich um den Haushalt, die Kinder und ein ordentliches Mittagessen zu kümmern, setzt sie sich schließlich durch. Sie lernt Pädagogik in Schwerin, wird Erzieherin im Schlosskindergarten des Dorfes. Als sie gerade Leiterin des Kindergartens geworden ist, mit dreißig, kündigt sich noch ein weiteres Kind an. „Noch mal so kugelrund mit dreißig, das geht doch nicht." Zu dieser Zeit ist vieles anders als heute. Charlotte sagt, sie habe sich so geschämt, dass sie sich hatte umbringen wollen. „Wie denn?" – „Na, mit der Pistole meines Mannes. Es hatte doch jeder eine Schusswaffe zu Hause." Doch die Familie schafft es, Charlotte zu beruhigen. Sie überlegen mit ihr, wie sie es doch gemeinsam schaffen können, das Neugeborene großzuziehen. Schließlich ist Charlottes eigener Bruder zu dem Zeitpunkt auch kaum älter als diese Tochter. Das Kind wird schließlich nach der Geburt von der Schwiegermutter aufgenommen. „Meine Tochter wurde ein sogenanntes Verwandtschaftskind." Ein damaliger Ausdruck für ein Kind, das mal hier, mal dort ist. „So konnte ich weiter meinen Kindergarten leiten." Ihr tut das heute leid. „Heute haben meine Jüngste und ich die engste Beziehung überhaupt. Sie kümmert sich wunderbar um mich. Aber damals war es ein Drama." Sie schüttelt den Kopf. Im Hintergrund räumt ihre Tochter gerade in der Küche die Spülmaschine aus. Sie ist, so oft es die Arbeit zulässt, bei ihrer Mutter.

Charlotte ist Mutter von vier Kindern, voll berufstätig und kümmert sich zu Hause um einen Stall mit Kleinvieh. „Zwei Schweine, zehn Schafe, zwölf Gänse und ein paar Kaninchen. Das war dann die zweite Schicht." Sie weiß das alles noch genau. „Früher waren eigentlich alle Selbstversorger. Das gemästete Schwein und die Kaninchen konnte man gut verkaufen. 1000 Mark das Schwein, 50 Mark das Kaninchen. Später haben wir auch Honig gemacht. Da lebten wir manchmal nur von den Einnahmen aus dem Honig." Ich versuche es mit ihr auszurechnen und komme bei 50 Völkern auf 20 000 Mark im Jahr. Etwa 500 Mark verdiente eine Erzieherin im Kindergarten. Eines der Bienenvölker wohnte im Park hinter dem Schloss, auf den ich beim Schreiben blicken kann, in einem behauenen Baumstamm. Es gibt ein Foto von Charlottes Mann, der sich in späteren Jahren optisch von Franz Kafka zum jungen Manfred Krug aus *Spur der Steine* gewandelt hat. Er versorgt seine Bienenvölker. Das Foto steht sinnbildlich für sein Leben. Der volksnahe Mann wird 1969 mit sechsunddreißig Jahren der jüngste Bürgermeister des Ortes. Er besorgte schon mal noch schnell am Weihnachtsabend den einen oder anderen Weihnachtsbaum für eine bedürftige Familie, und sowieso klopfte es oft an der Tür, erinnert sich seine Frau. „Oder das Telefon klingelte. Wir waren ja eine der wenigen Familien, die schon früh eines besaß." Es war ein stressiges Leben, beklagt sich Charlotte. „Man kam als Familie nie zur Ruhe." Sie erinnert sich, wie die eigene Familie oft in der kleinen Küche aß, während eine Gesellschaft mit dem Bürgermeister die Wohnstube okkupierte. „Sich zum Sonnen in den Garten legen war undenkbar, ständig kam jemand um die Ecke und wollte etwas!" Trotzdem ist sie stolz auf diesen Mann, ihren Ehemann und Bürgermeister, Löschmeister, Großimker und Jagdgesellschaftsleiter. Gleichzeitig hat er beste Beziehungen zu SED-Funktionären auch höherer Ebenen und organisiert große Jagdgesellschaften für den damaligen Verteidigungsminister. „Wo sind eigentlich die ganzen Geweihe, die Jagdtrophäen deines Mannes?" – „Ach so … Die habe ich verkauft." Sie grinst verschmitzt. „Das war mir eigentlich schon immer zu düster. Die ganze Wohnung war ja voll mit toten Tieren." Auf einem Foto sieht man ihren Mann, den Jagdgesellschaftsleiter, im Wald in seiner Jägermontur. Er hält sich zwei Tannenzweige wie ein Hirschgeweih an die

Schläfen und trabt über eine Lichtung. Auch das war ihr Mann: ein Spaßvogel.

Einmal in den Jahren vor der Wende bekommt auch Charlotte kalte Füße. „Es war wieder einmal so ein romantischer Heiligabend auf dem Dorf mit großen Flocken vor dem Fenster“, erzählt sie. Die Familie sitzt beisammen und isst. Da steht plötzlich ein riesiger Jutesack vor der Haustür. Die Familienmitglieder gucken sich fragend an. Keiner weiß, von wem der sein könnte. Sie öffnen ihn gemeinsam und es stellt sich heraus, dass es ein Geschenk aus Westdeutschland ist. „Bis oben hin voll mit tollen Sachen aus dem Westen!“ Schokolade, Marzipan, Orangen ... Gibt es vielleicht doch einen Weihnachtsmann? Aber die Familie ist auch verunsichert. „Wenn das jemand bei uns findet, beim Bürgermeister ...“ Bis heute weiß Charlotte nicht, wer ihnen damals diesen Sack am Weihnachtsabend vor die Tür gestellt hat.

Was ist eigentlich Glück für Charlotte, will ich am Ende des Gespräches von ihr wissen. „Ach, weißt du, früher hat mein Mann mir morgens immer über die Stirn gestrichen und ‚Aufstehen‘ … geflüstert. Ich habe dann immer gejammert, weil ich noch so müde war … Das vermisse ich. Das war mein Glück.“

## „Es ist alles nur in deinem Kopf“

„Emotionen machen viel kaputt. Wenn die Emotionen spielen, bist du nicht du selbst“, sagt Olga und lässt ihre Gedanken schweifen, lässt sie an der Wand, die aussieht wie ein weiches silbernes Kissen, aber aus steinhartem Gips ist, abprallen. Olga ist keine Frau. Olga ist ein Guru. Ich sitze mit meinem Guru in dessen Wohnung, einem ehemaligen Kuhstall. Wir haben auf einem weißen Kunstledersofa Platz genommen, mein Sohn und ich, und mein Sohn beginnt mit seinen Schokoladenfingern mysteriöse Zeichen auf das Sitzmöbel zu malen. Er ist schon in Olgas Bann. „Das ist nicht schlimm“, sagt der Guru sanft, und ich denke, dass der Guru auch ein Engel sein könnte. Aber wie kommt der Engel mit dem glatten Goldhaar und dem traurigen Zug um die Mundwinkel in diesen ehemaligen Kuhstall und warum ist der Kuhstall ausgebaut wie ein Nachtclub?

Olga ist in der Nähe von Szczecin geboren, in einem kleinen polnischen Dorf. Nein, eigentlich fängt ihre Geschichte in einem Gulag in Sibirien an. Von dort kommt die Großmutter nach Szczecin. Dass sie einen Bruder in Australien hat, den sie nie gesehen und erst dieses Jahr auf Facebook kontaktiert hat, ist das andere Ende der Geschichte. Dazwischen irrt eine Frau umher, die schwanger ist und deren Freund nicht glaubt, dass das Kind, Olga, wirklich von ihm ist. Der junge Mann verlässt die Mutter, verlässt das kleine polnische Dorf und kommt auch später, als die Mutter die Vaterschaft längst nachweisen kann, nicht zurück. Olga hat ihn nie kennengelernt, denn er gründete eine neue Familie. Nicht in Polen, nicht in Deutschland, sondern in Australien. Da hat die Mutter schon seit langer Zeit einen neuen Mann. Sie hat ihn in der Gaststätte, in der sie hochschwanger kellnerte, kennengelernt. „Er war Witwer. Seine Frau war mit achtundzwanzig Jahren an einer Hirnblutung gestorben. Er saß deshalb immer traurig am Tresen und trank. Dann hat er meine Mutter kennengelernt." Der Witwer und die Sitzengelassene werden ein Paar. Olga kommt zur Welt und hat schon zwei Stiefbrüder, die die junge Mutter in den nächsten Jahren böse schikanieren werden. „Meine Mutter war sehr streng. Deshalb haben meine Stiefbrüder sie nicht akzeptiert." Der Stiefvater hingegen ist lieb. „Zu lieb", sagt Olga. Er trinkt, die Mutter ist genervt. So gibt es viel Geschrei in diesem Haus. „Eine schwierige Familie." Erst als der große Bruder ins Internat kommt, wird es ruhiger. „Trotzdem hast du, bis du dreiundzwanzig warst, dort gewohnt?" – „Ja. Ich habe mir immer geschworen, meine Familie wird schöner." Sie lächelt und der traurige Zug um ihre Mundwinkel verschwindet sofort.

„Kinder müssen frei sein", sagt der Guru. „Sie müssen den Sinn aller Dinge selbst erkennen und die richtigen, die guten Dinge freiwillig tun." Olga studiert nach der Schule Grundschullehramt in Szczecin. Sie macht einen Bachelor. Sie verliert aber die Motivation, da viele Dinge, die sie lernt, nichts mit dem Unterrichten von Kindern zu tun haben. Sie arbeitet eine Weile in der Werbung, hat eine schwierige

Beziehung zu einem Partner, der sie manipuliert, der sie nicht atmen lässt. Als sie sich endlich von ihm lösen kann, will sie nur noch eines: frei sein. Die Ferien verbringt sie mit ihrer Mutter und ihrer besten Freundin auf Reisen. „Das war eine schöne, unbeschwerte Zeit." Dann nimmt ihre Freundin sie mit in einen Club in Szczecin, den „Tiger-Club". Und da ist dieser große, deutsche Mann im weißen Jackett, ein Bekannter ihrer Freundin. Er kann ein wenig Polnisch, sie ein wenig Deutsch, sie hat es sich beibringen lassen, obwohl sie bis dahin noch nie in Deutschland gewesen ist. Sie treffen sich öfter, werden ein Paar. Irgendwann zeigt er ihr sein Zuhause. Er wohnt kurz hinter der Grenze, in einem alten Stallgebäude, das zu dem landwirtschaftlichen Betrieb seiner Mutter gehört. Das Wohnhaus ist verkauft worden, so hat er sich trotz aller Widrigkeiten in den alten Büroräumen im Kuhstall eingerichtet. „Es war skurril, wie er da gewohnt hat. Aber mir war klar: Das ist es, was ich brauche. Diese Ruhe, die dieser Ort ausstrahlt. Und dieser Platz." Olga schwärmt. Sie machen Pläne, für das Haus, für ihre Zukunft. Ein Sohn und eine Tochter kommen zur Welt. Jetzt sind sie eine kleine Familie. Nach und nach bauen sie den alten Kuhstall aus. Olga darf alles selbst entscheiden. Sie liebt es, sich zu überlegen, wie alles werden wird. Als ich sie nach ihren Hobbys frage, zuckt sie mit ihren Schultern, und ihr Mann, der gerade Holz im Kamin nachlegt, ruft aus dem Hintergrund: „Na, du musst schon erklären, das du alles selbst gemacht hast. Olga restauriert Möbel." Als ich nachfrage, erfahre ich, dass sogar der Tisch, an dem wir sitzen, von ihr aus zwei unterschiedlichen Tischen zusammengebaut wurde. So gefalle er ihr eben besser. „Ich denke mir immer wieder was Neues aus. Der Gartentisch auf Rollen da hinten, das sind eigentlich Europaletten." Sowieso wird gerade wieder gebaut. Ein neues Bad. Und in der Garage wartet schon der nächste Schrank auf seine Verjüngungskur. Und die Wand, ach ja, die hat sie auch selbst verputzt. Gibt es davon ein Foto? „Nein, ich arbeite ja immer allein vor mich hin. Ich liebe das." Und ich liebe ihr Haus, das so groß ist wie ein Skatepark und sicherlich ein wenig so aussieht wie der Club, in dem die beiden sich vor elf Jahren kennengelernt haben.

Wie wurde sie eigentlich in dem kleinen Ort, der nur aus fünf Bauernhäusern besteht, aufgenommen? Die Deutschen seien sehr nett und offen, sagt Olga. Man lädt sich gegenseitig ein. Aber ihre beste Freundin ist eine Polin, die im Nachbarort wohnt. Richtige Freundschaften mit deutschen Frauen seien in der langen Zeit nicht entstanden. Aber sie sei auch in dem Alter, wo sie sich mehr auf das Familienleben zurückziehe, erklärt sie. „Aber ich freue mich, bald werde ich mit Menschen arbeiten." Sie erklärt mir, dass sie Online-Seminare für mentales Training besucht. Es geht um Achtsamkeit und die Stärkung von Selbstvertrauen. „Ich möchte Frauen coachen. Ich möchte ihnen zeigen, dass sie mit Ruhe und Vertrauen auf die eigenen Stärken alles schaffen können. Auch glücklich zu werden. Denn es ist alles nur in deinem Kopf, es hängt alles von deiner Einstellung ab." Wenn sie durch das dichte Haar ihrer Tochter streicht, wirkt sie so, glücklich eben. Es wäre nur schön, wenn ihr Halbbruder aus Australien sich endlich bei ihr melden würde und sie den anderen Teil, den verlorenen Teil ihrer Familie, zurückbekäme. „Ich bin offen und bereit für die Geschenke des Lebens“, sagt der Guru.

## „Als Mutter musstest du fleißig sein, sonst bist du untergegangen"

Sie sagt oft, sie habe *gestaunt*, wenn sie über ihr Leben erzählt. Das ist ironisch gemeint. Sie sagt, sie sei eigentlich eine andere. Sie sei nicht der Mensch, der von außen sichtbar ist. Ob ich das bemerkt hätte? Dass sie äußerlich so starr sei, so klar. Eher ein Mann. Deshalb habe sie bei der Arbeit auch immer die Führungspositionen bekommen. Innen drin sei aber gar keine Führung. Innen drin sei alles unsicher, unklar, irgendwie verwaschen. Sie sieht mich lange an, als könne ich diesen anderen, diese andere in ihren Augen erkennen.

Schon vor der Haustür gibt es diese zwei Seiten. Gibt es die fein ziselierten Tonkugeln im Vorgarten und die halb zerknüllte Schachtel Marlboro auf dem Gartentisch. An der Haustür gibt es keine Klingel, als wäre die Kommunikation mit der Außenwelt schon vor langer Zeit unterbrochen worden. Und doch öffnet sie gleich, wie auf einen unsichtbaren Wink hin, und begrüßt mich mit einer außergewöhnlichen Wärme in der Stimme: „Komm herein, du …" Sie ist eine große Frau, so sorgfältig und bedacht gekleidet, frisiert, geschminkt, als wäre sie von einem Designer erdacht. Selbst ihr Duft ist dezent und doch außergewöhnlich, außergewöhnlich warm.

„Ich werde mit dir reden, aber du wirst bitte nicht darüber schreiben", sagt sie. „Meine Kindheit war geprägt von Angst und Gewalt." Es ist ein schwieriger Gesprächsanfang. Aber sie ist darauf vorbereitet, durch den Mist zu waten. Ich bin es nicht. Der Stiefvater trinkt und schlägt die Mutter. Die Kinder sind auf der Hut vor dem Vater, vor der Armut. Sie hat *gestaunt*, warum ihre Mutter diesen Mann nicht verlassen hat. Sie zieht ihre Geschwister mehr oder weniger allein groß, weil die Mutter arbeiten geht. Dabei ist sie selbst noch ein Kind. Ein Kind, das den Erwachsenen ziemlich egal ist. „Zu Hause war es nicht wichtig, was aus mir wird. Es waren die Lehrer, die mir geholfen haben, einen Abschluss zu machen." In dieser Zeit lernt sie ihren späteren eigenen Mann kennen. Auch er will ihr helfen, bezahlt ihr die erste Zugfahrkarte in die Stadt. Dort wird sie Pädagogik studieren. Sie hat sich gut um ihre Geschwister gekümmert, da würde sie auch als Erzieherin eine gute Figur machen. Aus einer Not ist ein Beruf für ein ganzes Leben geworden.

Am ersten Studientag hat sie wieder einmal *gestaunt*. „Die anderen, die hatten Eltern, die hatten große Koffer. Ich hatte nur eine kleine Tasche und war ganz allein." Dafür hatte sie eine Menge Ehrgeiz im Gepäck. Sie wollte in allem eine Eins haben. Auch in Marxismus-Leninismus. „Du musstest nur das Adjektiv ‚sozialistisch' so oft wie möglich einfügen, dann konntest du improvisieren!" Sie lacht über ihren damaligen Ehrgeiz. Bei ihr konnte man sicher immer gut abschreiben. Selbst als sie schwanger wird und einige Monate im Bett liegen muss, lässt sie sich von ihren Kommilitoninnen die Aufgaben bringen, schreibt kurz vor der Entbindung noch ihre Abschlussprüfung mit Eins. „Ganz ehrlich, ich war sehr überrascht über diese Schwangerschaft. Wir hatten damals im Mädchenwohnheim alle nicht so richtig Ahnung. Aber in der Bibliothek gab's ein Buch: *Du und ich*, das habe ich verschlungen. Die reine Hilflosigkeit." Sie schmunzelt. Bei aller Überforderung, die nach der Geburt auf sie wartete: Noch heute glänzen ihre Augen, wenn sie daran denkt, wie glücklich sie auf dem Rückweg vom Frauenarzt war. „Da war so ein warmes Gefühl in meinem Bauch. Jetzt wächst da etwas in dir, habe ich gedacht, was dir ganz allein gehört."

Nach der Geburt ihres Sohnes blieb ihr dann aber wenig Zeit, die Mutterschaft zu genießen. Plötzlich war sie berufstätig und hatte einen eigenen Haushalt zu führen. Den Säugling musste sie nach drei Monaten bei der Schwiegermutter lassen. „Man hat halt funktioniert. Die Männer hat das nicht interessiert, was man als Frau alles leisten musste. Als Mutter musstest du fleißig sein, sonst bist du untergegangen. Ich habe immer auf das Wochenende hingefiebert, auf den Tanz im Dorfsaal, der alle vierzehn Tage stattfand. Ich glaube, das ging allen so. Das haben wir dann aber bis ins Unendliche ausgekostet." Ich stelle mir die verkaterten Dorfmütter mit ihren schreienden Säuglingen am Sonntagmorgen vor. Routinierte, etwas lahme Handgriffe beim Wechseln der Windeln. Eine Lache verschüttete Milch auf dem Tisch. Im Flur stehen ein Paar Stöckelschuhe, an denen Schlammreste kleben. Gut, dass man nicht mehr am Sonntag in die Kirche musste.

Heute denkt sie, es wäre besser gewesen, später zu heiraten. Sie hatte keine wirkliche Kindheit, durfte nicht allmählich erwachsen werden. Auch mit dem Kinderkriegen hätte sie sich im Nachhinein lieber mehr Zeit gelassen. „Aber damals war das normal. Ich kenne auch keine Frau, die nicht arbeiten gegangen ist. Das wäre nicht anständig gewesen." Als Erzieherinnen haben sie die Mädchen schon im Kindergarten auf das Leben im Betrieb vorbereitet. Mädchen durften mit allen Sachen spielen, mit denen die Jungs auch gespielt haben. Andersherum war das schon schwieriger. „Natürlich haben die Jungs sich auch als Prinzessinnen verkleidet oder mit dem Puppenwagen gespielt. Kurz bevor die Eltern kamen, haben wir ihnen schnell den Puppenwagen aus der Hand gerissen. Sonst hätte es Ärger gegeben." Auch in der Ehe gab es mal Ärger. „Das ist ja normal über die lange Zeit. Aber bei uns tobte wirklich der Kampf der Geschlechter." Weil sie so gefragt war, sich bei der Feuerwehr und im Dorfverein für Kultur engagierte, hat sich ihr Mann neben ihr manchmal klein gefühlt. „Ich habe das damals gar nicht gemerkt, aber ich glaube, es war oft schwierig für ihn mit mir", sagt sie heute über diese Phase und blickt zu Boden.

Ich will von ihr wissen, ob das geregelte Leben in der DDR mit den klar abgesteckten Lebenszielen und Grenzen nicht manchmal öde für sie war. Aber sie betont die Sicherheit, die ihr dieses Leben gegeben hat. „Auf dem Dorf war ja damals richtig was los. Nicht wie jetzt. Und dass man nicht reisen konnte, haben wir gar nicht gemerkt. Wir hatten ja keine Westverwandtschaft. Nach Polen konnten wir ja immer. Das beste Eis gab's damals in Stettin!" Sie freut sich noch heute. Hatte sie denn keine Träume? „Na ja", sagt sie zögerlich, als wäre das Träumen etwas Verbotenes, als habe sie Angst, jemand könnte es gegen sie verwenden. „Ich schaue mir gerne alte Häuser an und stelle mir vor, sie, so wie ich Geld habe, peu à peu zu restaurieren." Sie wollte mit fünfzehn Innenarchitektin werden. „Ein Haus muss doch Gemütlichkeit ausstrahlen! Gerade in der heutigen Zeit! Beton und Glas, gerade Linien, das ist ja furchtbar!" Ich stelle mir sie als Architekturstudentin vor, die mit ihrem Professor über ästhetische Fragen debattiert. Das hätte sicher auch ihr Platz sein können. „Dort, wo ich gerade putzen gehe, die haben so ein Haus. Das ist doch herrlich. Auf den alten Dielen morgens um sechs neben der Küchenhexe stehen und warten, wie die Kinder aus ihren Ecken kriechen, und das Haus füllt sich so nach und nach mit Leben …" Manchmal macht der Hausbesitzer klassische Musik an, „Classicpop", sagt sie. „Und dann arbeiten wir so still nebeneinander her, er am PC und ich in der Küche. Das liebe ich." In ihrer Familie gibt es auch so ein altes Haus. Das Haus der Schwiegereltern. Doch als die starben, wurde es zu einem Bodenreformhaus umdeklariert und einem Mitarbeiter der LPG zugewiesen. „Plötzlich stand der dann im Grundbuch." Auch die Wende hat an diesen Besitzverhältnissen nichts geändert.

Nach der Wiedervereinigung kann sie in ihrem Beruf weiterarbeiten, muss aber am Wochenende zu Schulungen, da ihre Ausbildung nicht mehr anerkannt wird. So kommt es, dass sie, wie viele Frauen im Dorf, noch mit vierzig ein zweites Mal die Schulbank drückt. Da ist sie schon Mutter von drei Kindern. Sie hasst diese Wochenendschulungen. „Als hätte man nicht genug zu tun gehabt!“ In dieser Zeit bricht plötzlich trotz allem Fleiß, trotz aller Aufopferung ihr Leben in sich zusammen. Ihr Sohn schlägt im Streit unter Alkoholeinfluss auf einen anderen Menschen ein. Als der seinen Verletzungen erliegt und gegen ihren Sohn ermittelt wird, ist sie als Mutter, als Pädagogin, im Dorf diskreditiert. Die Familie des Opfers spuckt sie auf der Straße an. Sie verliert ihre Arbeit, ihre Freunde und igelt sich in ihrem Haus ein, während der Sohn wegen Totschlags verurteilt wird. Die Gewalt, die ihre Kindheit geprägt hat, ist zurück in ihrem Leben. Es dauert Jahre, bis sie sich von diesen verstörenden Ereignissen erholt. Dennoch versucht sie weiter im pädagogischen Bereich zu arbeiten, später mit straffällig gewordenen Jugendlichen. „Ich habe versucht, denen zu helfen. Vielleicht wollte ich auch etwas wiedergutmachen. Aber das war schwierig.“ Manchmal habe sie schöne Sachen mit ihnen in der Werkstatt hergestellt. „Ein paar Wochen haben sie gut mitgearbeitet. Aber dann verloren sie doch wieder den Halt und es kamen Drogen und Alkohol ins Spiel.“ Bei dieser Arbeit ist ihr klar geworden, was sie selbst damals für ein Glück gehabt hat. Und wie schwierig es für ihren Sohn werden wird. Wenn sie heute mit ihrer Enkelin spielt, hat sie manchmal das Gefühl, sie sei wieder dreißig. Die Zeit vor dem schrecklichen Tag, der alles veränderte. Ihre Enkelin ist dann ihre Tochter. So kann sie jetzt das nachholen, was ihr in ihrem Leben wohl am meisten gefehlt hat: Zeit, um sie mit ihren Kindern zu verbringen.

## „Die Wende war die prägendste Phase für mich"

„Manchmal denke ich, wenn ich von der Wendezeit erzähle, ich bin jetzt eine von den Alten. Wie die Alten, die in meiner Jugend immer noch vom Krieg erzählt haben", sagt Anja bei unserer ersten Begegnung. „Aber die Wende war nun einmal die prägendste Phase für mich!" Ich werde mir anhören, was Anja zu sagen hat, denn ich habe keine Ahnung, wie sich Anjas Leben angefühlt hat. Ich bin aus dem Westen. Ich kenne nur entsprechende TV-Dokus. Über Anjas Leben gibt es keinen Dokumentarfilm.

Anja ist Mitte vierzig, offen und gut gelaunt. Wenn sie erzählt, klingt alles so leicht, dass man fast vergisst, wie schwierig und betrüblich es für sie manchmal gewesen sein muss, immer wieder vor dem Nichts zu stehen. Sie hat oft neu Fuß fassen müssen. Erst im Osten, dann im Westen, dann wieder in der alten Heimat, die eine blühende Landschaft partout nicht hat werden wollen. Vielleicht kommt daher diese Unbekümmertheit, denn sie hat oft erlebt, dass es für sie weiterging, obwohl die Aussichten düster waren. „Wo arbeitest du jetzt?" – „Ich arbeite in einem Start-up für veganes Fastfood. Ich weiß gar nicht genau, wie das heißt, was ich mache. Management? Egal. Es macht Spaß."

Vielleicht wurde der Grundstein für ihre Unbekümmertheit aber auch im Nachbardorf gelegt, wo sie mit ihrer jüngeren Schwester aufwächst und wo die gesamte Familie ihren Ursprung hat. Denn die Großeltern von Anja waren Nachbarskinder und heirateten, als sie erwachsen wurden. „Dorfromantik pur", sagt Anja. Die Kindheit auf dem Dorf ist frei und wild, und auch später, als die Familie schon in Pasewalk wohnt, verbringen sie viel Zeit hier auf dem Dorf. Sie erinnert sich an einen Silvesterbrauch. Man malt sich die Gesichter schwarz an oder verhüllt sie mit Schals und Tüchern. Man verkleidet sich als „Pelzbock" und geht dann von Haus zu Haus, um die Nachbarn zu erschrecken und um Süßes zu bitten. „Es war ein Brauch, den es damals nur noch in diesem Dorf gab. Früher war jedes Dorf eine Welt für sich. Mehr noch als heute." Auch die Neubausiedlung in der Oststadt von Pasewalk, in die sie mit der Familie zieht, ist so eine eigene Welt. Das Kinderschlafzimmer mit der Schwester, das große Spielzimmer, der Hof mit den vielen Nachbarskindern. Seit der Vater von der Kriminalpolizei zur Staatssicherheit gewechselt ist, kann sich die Familie eine Vier-Zimmer-Wohnung leisten. Sie erinnert sich, dass sie früher Angst vor der Waffe des Vaters hatte, obwohl Waffen durch die Armee, die hier stationiert war, ein alltäglicher Anblick waren. Sie erinnert sich, dass sie froh war, als der Vater die Waffe gegen eine Aktentasche eintauschte. „Was mein Vater beruflich machte, haben wir erst viel später verstanden. Staatssicherheit, das klang danach, als ob es eine gute Sache wäre. Jemand, der den Staat sicher macht." Später weiß sie, dass Menschen vom Staat ausspioniert werden, bringt es aber nie mit ihrem Vater zusammen. „In der Pubertät kam das Thema schon auf, durch die Freundinnen. Wenn wir telefoniert haben, um unsere Mädchengeheimnisse auszutauschen, hat meine Freundin immer gesagt, wenn es in der Leitung geknackt hat: Jetzt werden wir bestimmt abgehört!" Auch die Mutter geht arbeiten. Sie ist Kindergärtnerin, und die Kinder besuchen sie oft auf der Arbeit oder holen sie ab. Sie haben eine enge Bindung zur Mutter. „Papa war für uns auch toll, aber er war weiter weg. Sicher auch, weil wir nicht genau wussten, was er macht."

Die Wende bringt große Unsicherheit in die Familie. Was für den Vater zunächst beruflicher Aufstieg war, ist jetzt zum Abseits geworden. Anja spürt den Druck in der Familie und die Angst, die sie alle beschleicht, wie es denn nun weitergehen soll. Sie ist vierzehn und mitten in der Pubertät. Der Vater wird arbeitslos. Sie will eigentlich eine Lehre zur Verkäuferin machen und bleibt dann doch auf der Schule, weil alle sagen, dass es jetzt schwierig werden wird, eine Ausbildungsstelle zu finden. „Ich habe beschlossen, so lange auf der Schule zu bleiben, wie es irgendwie geht, weil die ganzen Lebenspläne, die vorher für alle so klar vorgezeichnet gewesen waren, plötzlich weggebrochen sind. Da war einfach nur ein riesiges schwarzes Loch." Für sie bringt die Wende aber auch die *Bravo* und in der *Bravo*: Dr. Sommer. Sie erinnert sich, wie sie eine Freundin, die sehr naiv war, zum Kondome kaufen in die Drogerie geschickt haben. „Wir hatten ihr gesagt, das sei eine Salbe, ob sie uns die besorgen kann. Dann kam sie ganz empört wieder: Das ist ja gar keine Salbe! Das sind ja Luftballons!" Anja prustet. Sie ist wieder dort, in dieser Zeit, in der niemand einen Plan hat. „Ich weiß noch, dass wir uns wirklich für alles beworben haben. Ich wollte ja gerne irgendetwas verkaufen. Das hatte ich mir so schön vorgestellt." Es gibt Banken und Versicherungen, die mit den Schülerinnen und Schülern Bewerbungstests in der Schule durchführen. „Aber aus alldem ist ja nichts geworden. So ging es den meisten. Und die meisten sind dann auch weg. In den Westen. Wie ich." Ihr Freund ist da schon nach Stuttgart umgezogen, um eine Lokführerausbildung zu machen. Anja schlägt das Telefonbuch auf: S wie Stuttgart. Sie schreibt in alphabetischer Reihenfolge die Geschäfte an, bei B wie Boutique schreibt jemand zurück.

Anja geht zum Vorstellungsgespräch. Ihr Gesicht umrahmt von einer neuen, duftenden Dauerwelle. „Einhundert Mark, da kommen mir jetzt noch die Tränen. So teuer! Und das sah so blöd aus. Ich hab doch schon so ein rundes Gesicht, dann diese Locken ..." Sie wird von der Chefin in der Edelboutique für Damenbekleidung trotzdem eingestellt. „Das läscht aber schon rauswachse, Mädle", kann sich die Chefin die Bemerkung über die neue Frisur nicht verkneifen. Anja verkauft jetzt Armani und Versace. Sie will perfekt sein – im „Service" sagt man hier. Beraten, ankleiden, dekorieren. „Selbst die Dreckwäsche haben wir für die Kundschaft zur Reinigung gebracht." Es ist alles neu, die Hierarchie, der Dialekt, die Umgangsformen mit den finanzkräftigen Kundinnen und Kunden. „Und dass man aufpassen musste, dass keiner was mitgehen lässt." Anja ist in einer Welt ohne Diebstahl aufgewachsen. „Was hätte man dort auch stehlen sollen?" Sie lacht. Sie war damals die Neue, die aus dem Osten. Die Kolleginnen waren schon im zweiten Lehrjahr und aus der Region. Und sie stellten Fragen wie: „Das muss ja schlimm bei euch gewesen sein. Ihr durftet ja nachts gar nicht raus, oder?“ Sie hatten wenig Ahnung vom Osten, diese Wessis. Das Weltmännische von Anja, das „Weltfrauische“, muss aus dieser Zeit stammen. „Das kann sein. Ich habe hier auch gelernt, was Oliven sind, Feta, Mozzarella. Ich kannte ja noch nicht einmal die mediterrane Küche!“ Nach der Ausbildung wechselt sie zu Galeria Kaufhof in die Abteilung für Herrenunterwäsche. „Endlich musste ich nicht mehr beim Ankleiden helfen.“ Der Abstand zum Kunden tut ihr gut, die festen Arbeitszeiten. Aber plötzlich kommt auch Abstand in ihre Beziehung. Ihr Freund, der mittlerweile zur Bundeswehr eingezogen worden ist, will zurück in die Heimat und lässt sich nach Pasewalk versetzen. Auch Anja träumt von der Heimat. Jetzt ist sie durch die harte Schule des kapitalistischen Westens gegangen, jetzt ist sie super ausgebildet, jetzt wird sie dort ja wohl etwas finden?

Es ist das Jahr 1997. Anja ist zurück in Pasewalk und spielt Solitär auf einem Computer des Arbeitsamtes. Sie soll in einer Maßnahme vom Arbeitsamt am PC geschult werden. Endlose Stunden Computerkurse, das Gründen einer Scheinfirma, Anja ist gelangweilt vom neuen Jahrtausend. Sie macht ein Praktikum im Museum für Stadtgeschichte, sucht nach Abwechslung vom tristen Nachwendealltag. Dann hört sie, dass in einem Hotel Personal gesucht wird. Sie beginnt an der Rezeption und im Service zu arbeiten, und es scheint eine Weile, als hätte sie endlich ihren Platz gefunden. „Du machst es den Kunden schön, und sie freuen sich und geben es dir auch zurück. Das macht Spaß." So hatte sie sich das eigentlich immer vorgestellt. Sie liebt Harmonie. Aber sie will auch ein Kind. Als sie schwanger und Mutter wird, kann sie nicht mehr im Schichtdienst arbeiten. So bleibt es eine kurze Episode der beruflichen Verwirklichung, bis ihre Tochter zur Welt kommt. Dann ist da das Muttersein, das sie voll in Anspruch nimmt. „Ich weiß noch, wie 2001 die Flugzeuge ins World Trade Center flogen und ich vor dem Fernseher mit meinem Baby im Arm saß und diese einstürzenden Türme nur Kulisse waren. Das lief alles im Hintergrund und war für mich nicht wichtig." Jetzt ist ihre Tochter erwachsen. Und sie selbst arbeitet mit jungen Unternehmern in einem Start-up und ist ganz in ihrem Element. Anja hat die Wende gemeistert.

## „Wo ist denn hier die Achtzigjährige?“

Karin öffnet die Tür im Neubau im Nachbarort, erster Stock. Ihre farbenfrohe Kleidung hebt sich von der Blässe des Plattenbaus ab. „Wo ist denn hier die Achtzigjährige?“, soll der Bürgermeister bei ihrem letzten runden Geburtstag gesagt haben und zielstrebig an Karin vorbeigelaufen sein. Auch mir geht es so. Die zierliche, elegante Frau steht so aufrecht und gut gelaunt vor mir, dass ich mich nur wundern kann. Seit ihr Mann gestorben ist, hat sie sich hier noch einmal allein eingerichtet. „Ich bin so fit, weil ich mir damals von meinem Onkel den Trick habe zeigen lassen, wie man die schweren Lebensmittelsäcke hochhebt. Die anderen haben's jetzt im Kreuz. Ich nicht!“ Sie kichert und demonstriert mir, wie sie damals im Konsum die Füße unter den Mehlsack schob. Die alte Dame steht einige Sekunden wie eine menschliche Sackkarre da, watschelt ein paar Pinguinschritte, gießt mir dann mit einer fließenden Bewegung Kaffee nach und verweist auf die belegten Brötchen, die sich vor mir auftürmen. Dreiundzwanzig Jahre lang hat sie im sogenannten Pappkonsum im Dorfzentrum gearbeitet, der erst in den Achtzigern von einer gemauerten Kaufhalle ersetzt wurde. Sie hat die Lebensmittel des Ortes verwaltet, abgewogen, zugeteilt, ist später zur Leiterin aufgestiegen und organisierte auch die Kaffeetafeln für die Jagdgesellschaften der DDR-Größen, die Bauernmärkte. Dass sie ein Leben lang einen unbegrenzten Zugang zu Lebensmitteln hatte, war für sie alles andere als selbstverständlich. Denn auch Karin ist ein Flüchtlingskind.

Die Erinnerung an ihre Kindheit verblasse immer mehr, sagt sie. Vieles weiß sie nur aus Erzählungen. Sie wird 1939 in Hamburg geboren. Ihre Mutter zieht im Krieg mit den drei Kindern zur Schwester in das damalige Hinterpommern, in den Kreis Neustettin, nach Grünewald. Sie hofft, dass sie auf dem Land mit den Kindern vor den Kriegshandlungen sicher ist. „Außerdem hat sich meine Mutter immer über den vielen Regen in Hamburg beklagt", sagt Karin. Sie erinnert sich, dass sie von der Tante nicht gut behandelt werden, dass die Front irgendwann auch hier so nah rückt, dass die ganze Familie zu fliehen beschließt. Da gibt es den Planwagen des Onkels, Schüsse, Explosionen, die Kinder halten sich die Ohren zu. „Wir hatten Angst, dass in unseren Wagen hineingeschossen wird", sagt Karin. Sie erinnert sich an die Rückkehr, dass sie fortan bei der Großmutter unterkommen, daran, dass plötzlich polnische Soldaten vor der Tür stehen. Sie spucken auf die Fotos der Ehemänner und Großväter in Wehrmachtsuniform, diese seltsamen Fotos von Männerstatuen, die zugleich Feldpostkarten an die Familie sind. Sie spucken durch das Schlüsselloch, das weiß Karin noch genau. Auch dass der Onkel für die Frauen eine Höhle in den Misthaufen gegraben hat, um sie dort vor den Soldaten zu verstecken. „Alle jungen Frauen kamen in diese Höhle, und dann wurde wieder Mist davor geschaufelt. Das war ein sehr gutes Versteck. Es war warm, man hörte uns nicht, und der Gestank hat alle geschützt." Sie erinnert sich, dass sie als Kind nicht verstand, wovor sie geschützt werden musste, dass sie nur dachte: Ein Glück, ich habe mein Strickzeug gerettet! Die Familie weiß zu diesem Zeitpunkt nicht, was aus dem Vater geworden ist. „Einmal war er auf Fronturlaub und trank furchtbar viel Schnaps. Da ist wohl meine Schwester entstanden." Sie schmunzelt. Dann musste er zurück an die Ostfront. Er wird wie viele nicht aus dem Krieg zurückkommen. Heute denkt sie, dass er sich vielleicht das Leben genommen hat. „Er hatte immer eine kleine Pistole im Stiefel dabei und wollte sich notfalls erschießen. Das hat er uns zumindest gesagt." Niemand weiß, wo er sich aufhält, als die Familie ihre zweite Flucht antritt. Karin erinnert sich an die Ankunft im Marinelager in Neustrelitz. An den Hunger und daran, dass sie die Krümel von den anderen auf dem Fußboden auflesen und in den Mund stecken. Am Weihnachtsabend wird *Leise rieselt der Schnee* im Flüchtlingslager gesungen. Noch heute kann sie das Lied nicht hören, ohne an diese schlimme Zeit erinnert zu werden.

Die Mutter kommt schließlich mit ihren drei Kindern bei einem Onkel unter. Sie geht täglich zum Neustrelitzer Bahnhof und stiehlt Kartoffeln und Kohlen von den Güterwaggons. Die Kinder bangen jedes Mal um sie. „Sie hätte einfach erschossen werden können, wenn sie jemand entdeckt hätte." Karin erinnert sich, dass es jetzt endlich wieder zu essen gibt: Wrucken und kannenweise Sirup für die Kinder. „Sogar Honig!" Eine ihrer Tanten ist kinderlos und will eigentlich der Mutter ihre kleine Karin abschwatzen. Da Karin schon so selbstständig ist, bittet die Mutter die Tante, die kleine Schwester zu sich zu nehmen und großzuziehen. Die kleine Schwester ist noch im Krabbelalter und macht der Mutter mehr Arbeit. Die Frauen machen einen Deal. Sie entscheiden über das Schicksal der drei Mädchen, wollen wohl nur das Beste für alle Beteiligten in dieser schwierigen Zeit. „Die Tante ist dann mit meiner kleinen Schwester in den Westen gegangen. Einfach so! Weg war sie!" Das Schicksal spielt mit den Geschwistern, die durch die Grenzbefestigung der DDR dauerhaft getrennt werden. Einmal kommt die Schwester noch auf Ost-Besuch ins Dorf. Die großen Schwestern ahnen, dass es der Kleinen im Westen bessergeht als ihnen. Man ist sich nicht mehr vertraut. Sie sollen ihr nicht erzählen, dass sie zur Familie gehört. Doch beim Holzsammeln im Wald halten es die großen Schwestern nicht länger aus. „Wir haben ihr alles gesagt, und sie hat geheult." Die kleine Schwester wird vierzig Jahre lang die Familie nicht mehr besuchen. Erst wird es ihr verboten, dann ist da der innerdeutsche Grenzzaun, der als willkommenes Hindernis für die Nichtaufarbeitung der innerfamiliären Verletzungen dient.

Karins Leben nimmt einen anderen Weg als den der kleinen Schwester. Sie bleibt ihr Leben lang im Dorf. Der Vater bleibt vermisst. „Kriegsverschollen", wie man damals sagt, einer von fast anderthalb Millionen. Nachdem die Mutter jahrelang nach ihrem Mann über den Suchdienst des Deutschen Roten Kreuzes gesucht hat, findet sie einen neuen Lebensgefährten, der seinerseits Kriegswitwer ist. „Seine Frau war wahrscheinlich auf dem Flüchtlingstreck an Typhus erkrankt und verstorben." Mit dem neuen Vater versteht sich Karin so gut, dass sie Angst bekommt, dass ihr leiblicher Vater doch noch eines Tages zurückkommen könnte. Nach und nach kehrt Ruhe ein in das Familienleben. Und auch Karin denkt an Familiengründung. Sie ist noch in der Ausbildung in der Fleischerei, als sie bei einem Tanzfest von einem jungen Mann mit einem riesigen Verband an der Hand aufgefordert wird. „Das störte vielleicht beim Tanzen!", sagt sie und lacht. Er hat sich in der Tischlerwerkstatt den kleinen Finger abgesägt. „Er wollte mich nach Hause bringen. Aber ich habe ihn stehen lassen." Dennoch wird aus dem jungen Mann mit dem Verband und der schüchternen blonden Fleischer-Mamsell ein Paar. Noch vor der Heirat kommt der erste Sohn zur Welt. Ihr Mann will jetzt mehr verdienen, geht zur NVA, zur Polizei und wird schließlich Abschnittsbevollmächtigter für die Gemeinde. Sie ziehen nach einigen Umwegen in einen von den zwei Neubauten im Dorf. „Unser erstes Möbelstück war unser Kind", sagt sie lachend. „So war das damals. Wir besaßen am Anfang nichts." Nach und nach machen sie sich die Wohnung schön. Für den Kleinen gibt es ein modernes Schrankbett, das man tagsüber umklappen kann, um Platz zu sparen. Ein zweiter Sohn kommt zur Welt. Das Familienglück könnte in diesen Tagen perfekt sein, doch da wird der zweite Sohn krank. Ein Jahr lang bangt Karin um sein Leben, kann ihn nur selten im Krankenhaus besuchen. „Ich hatte solche Angst, dass er mich nicht mehr erkennt nach all der Zeit." Noch heute macht sie das traurig. Dann kommt der Anruf. Sie darf ihn abholen. Sie lässt alles stehen und liegen. Das Kind sieht schlecht aus, erkennt seine Mutter wirklich nicht. Es wird ihm Schonkost verordnet. Das ist damals Taubenfleisch und Reis. Aber wo soll Karin das herbekommen? „Ich habe in der Apotheke ein spezielles Mehl bekommen, denn er durfte auch das normale Brot nicht essen. Dann habe ich zu Hause den Teig gemacht und zum Bäcker gebracht. Der hat ihn für mich gebacken." Was Karin hier schildert, ist die Herstellung glutenfreier Broterzeugnisse zu DDR-Zeiten, den Umgang mit Glutenunverträglichkeit in einer Zeit der Lebensmittelknappheit. Später nimmt Karin einen Kredit für einen Brotofen auf, um das glutenfreie Brot zu Hause selbst backen zu können.

Finanziell geht es der Familie immer besser. Hat Karin anfangs nur zwei Tage im Fleischverkauf gearbeitet, wobei das verdiente Geld gleich wieder in die Kinderbetreuung investiert wurde, ist sie nun Vollzeit im „Pappkonsum" tätig. „Die LPG-Angestellten wurden von uns immer als Erstes versorgt", erzählt sie. Dreiundzwanzig Jahre verwaltet sie die Lebensmittel im Dorf. „Schlimm fand ich, dass wir auch die ganzen faulen Sachen verkaufen mussten. Man konnte nichts reduzieren oder wegwerfen. Dafür gab's nicht genug." Sie wird schließlich Leiterin des Konsums und ist mit ihrem Mann, der mit dem großen Rottweiler Arko Streife läuft, ein wichtiges Paar im Dorf geworden. „Fesch sah er aus!", grinst Karin, die auch erzählen kann, dass es später nicht immer einfach ist in dieser Ehe zwischen dem strengen Polizisten und der lustigen Verkäuferin. Ob es Straftaten im Dorf gab? Sie erinnert sich daran, dass jemand den Kälberstall angezündet hat und dass ein paar Kinder Feuer im Dachstuhl der Kirche gelegt haben. „Der LPG-Mitarbeiter, der den Kälberstall angezündet hat, hat mich letztens im Dorf beim Eisessen gegrüßt. Ich habe ihn erst gar nicht wiedererkannt. ‚Ich war der mit dem Feuer!' sagte er. So etwas passiert einem nur als Frau des ABV."

Nach der Wende wird in der neuen Kaufhalle hinter der Dorfkirche, die mittlerweile den „Pappkonsum" abgelöst hat, jedes Jahr vor Silvester eine Mitarbeiterin entlassen. „Schließlich waren nur noch Frau K. und ich ganz allein in dem großen Laden. Dann nur noch Frau K." Und dann? Dann wird er ganz geschlossen, irgendwann sogar abgerissen. „Dort wo jetzt die Parkplätze sind, hinter der Kirche, da stand er all die Jahre." Der Laden *lag* nicht nur im Dorfzentrum, er *war* auch das Dorfzentrum. Seit 1961 hat Karin hier die gesamte Gemeinschaft zum Kunden gehabt: „LPG-Mitarbeiter, Lehrer, Schüler, der Pfarrer, der Arzt, alle begegneten sich hier. Jetzt ist es so leblos." Jetzt ist dort, wo früher der Dorftratsch ausgetauscht wurde, eine Leerstelle, auf der im Sommer vielleicht einmal ein Wohnmobil parkt. Alles ist mobil geworden. Statt einem Supermarkt gibt es jetzt einmal die Woche einen Fleischer-Bus und zweimal die Woche kommt der rollende Bäcker vorbei, hält erst vor dem einen Neubau, dann vor dem anderen. Ich mag diese Art der Versorgung, weil hier alles so langsam geht und die alten Damen pausenlos Scherze mit dem Verkäufer machen. Sie sind das gewohnt, das ist ihr Stil. Es ist sicher ein wenig wie damals. Nur, dass wir in der Schlange zu dritt stehen statt zu dreißigst.

Karin arbeitet noch zwei Jahre in Arbeitsbeschaffungsmaßnahmen, bevor sie in Rente geht. Sie legen Wege um den See herum an und erledigen Gartenarbeiten für die Gemeinde. Über fünfzig Jahre hat sie im Dorf gewohnt, hat einen paradiesischen Garten hinter ihrem Neubau bewirtschaftet, in den sie, bevor sie mit einundachtzig Jahren noch einmal umzieht, ihre Freundinnen und Freunde zum Grillen einlädt. Was sie heute noch glücklich macht, will ich von ihr wissen. „Tanzen!“, sagt sie. „Das hat sich nicht geändert.“ Einmal im Monat geht sie zum Tanztee, wo sie manche von ihren Freundinnen aus dem Dorf von früher wiedertrifft. Ein paar Männer gebe es da auch. „Da die Männer nicht mehr so fit sind, tanzen die Frauen mit den Frauen. So ist das. Wo sind die ganzen Männer?“

## „Ich habe sogar für die Puhdys gekocht“

Wenn man Hermine trifft, trifft man auch immer Johannes. Sie sind seit sechzig Jahren verheiratet und gehören zu den Ältesten im Dorf. „Bei denen beide noch leben, meine ich“, sagt Hermine ganz unsentimental und stellt mir eine Tasse „Cowboy-Kaffee“ hin. Das Pulver schwimmt am Rand der geblümten Tasse. Später verstehe ich, dass es eine Art Sinnbild für die noch immer hübsche Hermine und ihren Pragmatismus ist. Auch ihrer Diamantenen Hochzeit, die wegen der Pandemie ausfallen musste, trauerte sie nicht lange nach. Das Paar bekam schöne Geschenke, man hatte an sie gedacht, und jetzt wird es irgendwie weitergehen. Hermine nimmt die Dinge, wie sie kommen. Das liegt vielleicht auch daran, dass sie einst als Flüchtling ins Dorf kam und sie außer ihrer Kleidung rein gar nichts besaß. „Ich bin ja nur hier gelandet, weil ich auf der Flucht so krank geworden bin“, erklärt sie mir, als ich nach ihrer Herkunft frage, und Johannes sagt: „Na, da hab ich aber Glück gehabt.“ – „Ja, da hast du Glück gehabt!“ Sie schaut ihn streng an. Er kichert. Die beiden necken sich nach all den Jahren noch immer. Und das wird wohl noch eine Weile so weitergehen.

Sie ist damals sieben Jahre alt, als ihre Mutter sich mit ihr vom damaligen Budweis in Böhmen Richtung Vorpommern auf den Weg macht. Hermine erinnert sich, dass sie oft in Unterkünften mit vielen Menschen auf engstem Raum zusammengepfercht sind, in Waggons und in einem großen Lager in Prag. Sie denkt an die vielen Kontrollen, durch die die Mutter sie mit ihrem nahezu perfekten Tschechisch durchlotst. Als sie im Auffanglager ankommen, ist Hermine schwach und schwer lungenkrank. „Eine Rippenfellentzündung", diagnostiziert der Arzt und rät der Mutter, in der Gegend zu bleiben, auch wegen der Seeluft, die der Tochter guttun würde. Als eine von zweiunddreißig Flüchtlingsfamilien werden sie im Schloss einquartiert. Ein wirkliches „Schloss" war dieses Gebäude auch damals nicht, nur ein zugiges Gutshaus. „Ich weiß noch, wie der Wind durch alle Ritzen kroch. Und dass es plötzlich weiß von der Decke herunter regnete. Das war Schnee!" Der Vater ist zu dieser Zeit im Internierungslager. Hunger und Angst prägen die kommenden Jahre. Dann kommt der Tag, an dem die sowjetischen Soldaten die Bunkeranlagen der Munitionsanlage der Wehrmacht im Wald sprengen. „Wir sollten mehrere Tage lang die Fenster offen halten, wegen der Druckwelle, sonst wären uns die Scheiben um die Ohren geflogen. Es war ein wahnsinniger Lärm." 3000 Kubikmeter Senfgas und Arsinöl sollen sich in den Speicherzisternen und den gut getarnten Bunkern im Wald nahe dem Dorf befunden haben. Hermines Mutter hat derweil andere Schwierigkeiten. Sie versucht, sich und die Tochter irgendwie durchzubringen, arbeitet bei einem Bauern und in der Munitionsanlage, der „Muna", wie sie auch heute, achtzig Jahre später, noch genannt wird. Die Mutter macht sich jeden Morgen zu Fuß auf den Weg. Hermine bleibt oft allein. Sie leben von der Hand in den Mund, sind oft auf den guten Willen der Bauern angewiesen, die ihnen Lebensmittel abgeben. „Das war eine Armut ... Heute kann man sich das kaum mehr vorstellen. Ich wurde aufgrund der Flucht auch erst mit acht Jahren eingeschult. Aber da war ich nicht die Einzige."

Hermine kommt gut durch die Schulzeit, früh hilft sie der Mutter, Geld zu verdienen, arbeitet auf dem Feld und im Holzwerk. „Auf Leistung!", sagt sie. Das muss eine schwere Arbeit für ein junges Mädchen gewesen sein. Später macht sie eine Koch-Ausbildung und arbeitet fast ihr gesamtes Leben als Köchin des Kindergartens. Der befindet sich auch heute noch in dem Schloss, in dem sie als Flüchtlingsfamilie damals Unterschlupf gefunden haben. „Und wo hast du den her?" Ich zeige auf ihren Mann. „Na, vom Tanzen!" Die beiden schmunzeln. Sie haben sich, wie viele damals, im Festsaal kennengelernt. Er war mit einem Kollegen von der Polizeistation dort, stand am Tresen. „Sie hat immer so zu mir rübergeguckt, da dachte ich, da kann ich ja mal hingehen." – „Ja, du mit deiner großen Klappe hast mich angequatscht. Aber um zwölf musstest du schon wieder weg." Johannes wird mit dem Polizeiwagen von den Kollegen abgeholt. Er muss am nächsten Tag wieder arbeiten. Aber von da an treffen sich die beiden öfter. „Einmal bist du mir abgehauen, was war da los, hast du da Angst vor mir bekommen?" Hermine hatte gesagt, sie kenne eine Abkürzung, und ist durch die Waschküche des Schlossgebäudes abgehauen. Was genau damals in Hermine vorgegangen ist, kriegen Johannes und ich auch dreiundsechzig Jahre später nicht aus ihr heraus. Sie zeigt mir ein Bild von sich und ihren Arbeitskolleginnen, den Küchenmitarbeiterinnen und den Kindergärtnerinnen. Es ist eine lustige Runde in weißen Kittelschürzen, und Hermine wirkt besonders lebensfroh. Die schweren, heißen Töpfe und das viele Kohlenschleppen sieht man den Frauen nicht an. 1961 heiratet Hermine ihren Johannes, und zwei Jahre später kommt ihre Tochter zur Welt. Ihr Mann wechselt von der Polizei in die Melioration, die die Entwässerung der Sumpfgebiete zur Feldgewinnung im Landkreis vornimmt. Er wird Maschinenführer und bringt gutes Geld mit nach Hause. „Ich glaube du konntest alle Maschinen fahren, die es damals gab", sagt Hermine, denn ihr Mann hat so viele Schulungen hinter sich, sie kann sie nicht mehr zählen. Aus der „Villa", wie das frühere Haus des Gastwirts liebevoll genannt wird, ziehen sie bald in den Neubau, in dem sie noch immer leben und der nicht mehr ganz so neu ist. Neben ihrer Arbeit fühlen sie sich der Gemeinde verpflichtet. Hermine kocht zu DDR-Zeiten für die Bauernmärkte und die Jagdgesellschaften, denn die Umgebung ist damals wie heute ein beliebtes Jagdgebiet. „Es waren so viele Menschen hier bei diesen Festen. Manche Frauen kamen zu mir und sagten: Wir kommen dann zum Abwaschen. Und ich sagte: Nein, packt mal mit an! Erst mal muss geschnippelt werden." Sie kocht für die Jagdgesellschaften und die Bauernmärkte, aber auch die Puhdys hat sie auf einem Kulturfest zu Gast. „Was habt ihr denn hier für gutes Fleisch!", sagt Dieter „Maschine" Birr, der Sänger der Band zu Hermine nach dem Essen. „Das ist ganz normaler Schweinebraten." – „Na, wir kriegen immer nur kalte Bockwurst." Hermine lacht. Es ist eine Begegnung, an die sie sich gerne erinnert.

Die Wendezeit wird für das Paar zur Probe. Im Kindergarten werden immer mehr Mitarbeiterinnen entlassen. Hermine ist die letzte von ihnen und muss die gesamte Arbeit allein stemmen. Der Betrieb, in dem Johannes arbeitet, wird aufgelöst. Er nimmt an einer Arbeitsbeschaffungsmaßnahme teil und kümmert sich um die Grünanlagen von Kirche und Gemeinde. Mit einem alten Trabi fahren die Arbeiter von Einsatzort zu Einsatzort. „Da hattest du endlich deinen Trabi!" Hermine lacht und denkt an die langen Wartezeiten. Einen Trabant 601 haben sie aber doch irgendwann. Schon kurz vor der Wende kann sie auch endlich wieder persönlichen Kontakt zur Westverwandtschaft aufnehmen, mit der sie seit Jahrzehnten nur schriftlich korrespondiert. Ihr erster Besuch 1987 in Würzburg ist ein Schock. „Mensch, was haben wir nur falsch gemacht, habe ich da gedacht. Alles gab es, alles! In Hülle und Fülle! Und wir hier mussten immer improvisieren ..." Es folgen weitere Besuche der Verwandtschaft in Linz, bei einem Zweig der Familie, der von Böhmen Richtung Österreich geflohen war. Hermine ist diejenige, die die Familie über all die Jahre zusammengehalten hat, und noch heute gibt es Cousins- und Cousinentreffen und große Geburtstagsrunden.

Die beiden sind sehr gesellig. Lange begreife ich nicht, wer all die Menschen auf ihren heutigen Familienfotos sind, wo sie doch nur eine Tochter haben. Es sind ihre vielen Enkelinnen und Enkel mit ihren

Urenkelinnen und Urenkeln, denn Hermine ist schon dreifache Urgroßmutter. Aus der ehemaligen kleinen Flüchtlingsfamilie, Mutter und Tochter, ist wieder ein weitverzweigtes Netz gesponnen worden.

## „Ich habe das Gold der DDR verwaltet: Holz“

Lilly wohnt nicht mehr im Dorf. Sie hat sich nach dem Tod ihres Mannes in einer Neubausiedlung noch einmal neu eingerichtet. Im Ort hat sie im Fleischverkauf und im Holzwerk gearbeitet, war als leidenschaftliche Keglerin bei den DDR-Meisterschaften dabei. Sie überrascht mich erst einmal, indem sie alle Preise von früher aufsagt: „Acht Mark das Kotelett, acht Mark zwanzig das Kasslerkotelett, vier Mark sechzig das Bauchfleisch, vier Mark vierzig das Eisbein, eine Mark zwanzig die Schweineknochen, zwei Mark siebzig die Rippchen ... Mein Gedächtnis ist noch ganz gut.“ Sie kichert. Obwohl es etwa sechzig Jahre her sein muss, dass sie an der Fleischtheke im Dorf gestanden hat, kann sie die Preisliste noch tadellos herunterbeten. Damals wohnt sie in einem abgelegenen Bauernhof am Dorfrand. „Wäre es nicht so mühselig gewesen, ohne Auto ins Dorf zu gelangen, wäre ich gerne dortgeblieben“, erzählt sie mir. Für Lilly ist dieses Haus damals reinster Luxus, denn auch sie ist als Flüchtlingskind ins Dorf gekommen.

Vier Jahre ist sie alt, als sie mit ihrer Mutter aus Hinterpommern flieht und in einem Nachbardorf Unterschlupf findet. Sie erinnert sich an den ständigen Hunger, daran, dass ihr Vater aus Stalingrad zurückkehrte, abgemagert, seelisch zerstört, daran, dass er eineinhalb Jahre später verstirbt. Dass sie früh die Schule verlässt, um Geld bei der Deutschen Reichsbahn zu verdienen. Sie lernt zunächst im Verkehrsdienst, verkauft Fahrkarten, beaufsichtigt das Gleis, bildet andere Lehrlinge aus. „Endlich hatte ich auch einmal etwas zu sagen!“ Sie lacht. Lilly hat viel Humor. 1956 lernt sie bei einer Tanzveranstaltung im Holzwerk ihren späteren Mann kennen. Er fordert sie zum Tanzen auf, aber sie will nicht, tanzt lieber mit ihrem Bruder. „Der kann das nicht, habe ich zu meinem Bruder gesagt.“ Vier Jahre später heiratet sie diesen Mann, diesen schlechten Tänzer, der Buchhalter in der LPG ist. Zwei Kinder bekommt das Paar und zieht in den idyllisch gelegenen Hof am Dorfrand, mitten im Wald. „Die Lage war damals unbeliebt. Niemand wollte so weit weg vom Zentrum wohnen“, erinnert sie sich. Denn ohne Auto ist es immer ein halbstündiger Weg – zu Fuß – ins Dorf. Sie weiß noch genau, wie zugig es im Hof war, dass es draußen ein Toilettenhäuschen gab und dass später die große Scheune gebaut wurde, in der sie ihre Wäsche aufhängen konnte, und ein Windfang, durch den es endlich weniger zugig im Haus war. „Im Sommer war es ein herrlicher Ort. Wenn ich nachts über den Hof zur Toilette gelaufen bin, so wie Gott mich schuf, über mir nur der Sternenhimmel, war ich glücklich.“ In dieser Zeit arbeitet sie drei Tage die Woche im Fleischverkauf, an den anderen Tagen ist sie für ihre Kinder da. „Einmal habe ich mir mit dem scharfen Hackbeil in den Arm gehackt während der Arbeit. Ich habe dann einfach den Ärmel drübergezogen und weitergearbeitet. Ich war so damals.“ Haltung bewahren heißt es, auch wenn der Alltag anstrengend ist.

1971 ziehen sie auf das Gelände der ehemaligen Munitionsanlage, weil ihr Mann dort Arbeit findet. Lilly beginnt im Holzwerk in der Verwaltung, macht eine zweite Ausbildung. Sie wird „Wirtschaftskaufmann". „Ich habe mir über die Bezeichnung gar keine Gedanken gemacht, ich war ein Wirtschaftskaufmann." Im Holzwerk sind sie viele Frauen im Büro. Auch hier führt der Staat ein strenges Regime und fürchtet Sabotage und Dissidenten. Da Lilly Westverwandtschaft in Lübeck hat, wird sie oft von der Vorgesetzten kritisch beäugt. „Wenn ich eine neue Bluse hatte, hat sie mir das Schild im Nacken herausgezerrt und durchs Büro gerufen: ‚Na, war deine Mutter wieder im Westen?'" Die Sorge ist berechtigt. Denn später, Ende der Achtziger, als Westbesuche leichter möglich sind, fragen die Verwandten in Lübeck bei einer Familienfeier tatsächlich, ob sie im Westen bleiben möchten. Sie lehnen das ab, denn sie sind in ihrem Dorf zu fest verankert. Auch bei der Arbeit wird Lilly immer wieder auf die Probe gestellt. „Manchmal hatte ich das Gefühl, ich verwalte die Goldbestände der DDR, nicht einfaches Holz." Im Holzwerk verarbeiten sie nicht das Holz aus den Wäldern der Umgebung, sondern hauptsächlich Importware aus der Sowjetunion. Nur hier gibt es Bauholz, gibt es die Möglichkeiten der maschinellen Verarbeitung. „Deshalb kamen ständig Privatleute, die staatliches Holz für ihren Hausbau anfragten. Andererseits kamen auch Kirchenvertreter und baten um Holz für den Kirchendachstuhlbau. Mit der Kirche zu kooperieren war streng verboten." Sogar die Kirche in Greifswald bittet sie um Hilfe, ebenso wie kirchliche Einrichtungen aus der Umgebung, wie Pflegeheime, Heime für Menschen mit Behinderung. Lilly findet für viele dieser Anliegen einen Weg. Sie gibt Reste heraus, tauscht Gebinde von bearbeitetem Holz gegen Rohholz, bucht um, sodass die Bestandszahlen immer stimmig sind. Einmal wird sie doch zum Vorgesetzten zitiert. „Ich habe doch nicht gewusst, dass es für die Kirche ist!", rechtfertigt sich die clevere Frau, die eigentlich immer genau weiß, was sie tut. Der Pfarrer im Nachbardorf ist ihr für die Rettung des Kirchendachstuhles sogar so dankbar, dass er einen Dankesbrief mit ihrem Namen in der goldenen Kugel auf der Kirchturmspitze versteckt und Lilly damit in seiner Kirche und im Ort für immer verewigt. „Ich war eingeladen zur Einweihung, man verlas eine Danksagung ans Holzwerk, verlas meinen Namen. Mir kamen die Tränen. Und gleichzeitig hatte ich wahnsinnige Angst, dass die Leitung irgendetwas mitbekommt." In der Wendezeit ist sie eine der Ersten, die entlassen wird. „Ich glaube, ich war schon länger nicht mehr tragbar", kichert sie. Wir schweigen eine Weile, ich stille mein Kind. Plötzlich sagt sie: „Das hätten wir nie gemacht." – „Was?" – „Stillen. In der DDR war das verpönt. Und wer stillte, hat es fast heimlich gemacht, nicht vor anderen. Eigentlich wurden alle mit Milasan aufgezogen, und wenn sie größer waren, mit Buttermilch und Reis." Milasan-Fertignahrung fürs Kind! Babysan-Trockenvollmilch fürs Kind! Das Produkt ist schnell gegoogelt: Ein feister Säugling starrt paralysiert mit der Hand im Mund auf den Schriftzug MILASAN, auf mich, die Verfechterin der Muttermilch, die ihr Kind noch im vierzehnten Lebensmonat an die Brust legt. Lilly sagt, dass sie es immer komisch fand, dass es in der DDR so prüde zuging. Einerseits machten viele FKK, andererseits sah man seine Eltern zu Hause nur im angezogenen Zustand. Badezimmer- und Schlafzimmertüren blieben verschlossen, es gab wenig Bezug zum Körper der Eltern, überhaupt zum Körper von anderen. Man heiratete brav mit achtzehn und blieb dem Partner treu. „So war es zumindest hier auf dem Land." Den eigenen Vater sah sie zum ersten Mal bei der Totenwaschung vollkommen entblößt: „So wie Gott ihn schuf." Es hat zeitlebens dazu beigetragen, die Menschen einander fremd zu machen, findet sie. Vielleicht kommt sie sich deshalb auf dem Hof im Wald damals so frei vor, wenn sie nachts nackt zur Toilette über den Hof huscht. Vielleicht steckt in Lilly eine Art Hippie. Ob sie mit mir zusammen diesen einsamen Hof noch einmal besuchen möchte, frage ich sie. – „Au ja!", kommt die Antwort prompt.

Lilly linst über den Bretterzaun. Dreißig Jahre war sie nicht in diesem Haus, in dem sie als junge Mutter fünf Lebensjahre verbracht hat. „Diese Ruhe hier." Lilly strahlt. Sie versucht die Inschrift im Fachwerk zu entziffern. Lilly ist aufgeregt. Sie wirkt hektisch. „Betreten des Grundstücks verboten" steht auf einer Eisenkette, die den Hof zur Straße hin abgrenzt. Uns fallen zwei Briefkästen auf. Einer für „Sie" und einer für „Ihn". Eine Klingel oder eine Haustür gibt es an dieser Seite des Hofes nicht. „Da ist die alte Wasserpumpe, an der ich immer die Wäsche gewaschen habe!“, ruft Lilly und zeigt auf eine von Grün überwucherte Antiquität an der Vorderseite der Scheune. Lilly ist schon jenseits der Kette. Wie ist sie so schnell darübergekommen, die Achtzigjährige? „Da! Der Windfang, den hat mein Schwiegervater gebaut!“ Blaugrau schimmert das verwitterte Holz des Vorbaus an der Nordseite des Wohnhauses. Lilly krallt sich in meinen Oberarm, ihr rast der Puls. Ich merke, wie sich in ihr die Zeiten verschieben und sich zwei entfernte Enden ihres Lebens wieder aneinanderlegen. „Lass uns fragen, ob wir hier sein dürfen, Lilly“, versuche ich zu ihr durchzudringen. Langsam nähern wir uns dem Windfang, in dem plötzlich die Tür aufgeht. Wir erklären unser Anliegen, dass wir auf Spurensuche eines früheren Lebens, eines Frauenlebens sind. Man droht uns mit dem Anwalt, und während ich noch versuche, ein Foto mit der alten Wasserpumpe auszuhandeln, ist Lilly schon wieder über die Kette auf die andere Seite gehüpft.

Nach der Entlassung im Holzwerk nutzt sie ihre Kontakte und kann sich über einen Bekannten eine neue Stelle in einer Spedition an der Grenze sichern. Sie fängt noch einmal ganz von vorn an. „Wir haben hauptsächlich polnische LKWs mit Lebensmitteln abgefertigt. Ständig gab es Erdbeeren und Pilze geschenkt. Heute würde das sicher nicht mehr gehen.“ Sie kann heute keine Erdbeeren essen, ohne an diese Arbeit zu denken, sagt sie. Aber sie hatte wieder einen sicheren Arbeitsplatz, den sie bis zur Rente ausüben konnte. Was hat Lilly hier im Dorf eigentlich besonders gemocht? „Wenn ich morgens an der Angelhütte saß, die Kinder noch geschlafen haben und der Fischotter an seinem Fisch knabbernd an mir vorbeigetrieben ist.“

## „Und Mähdrescher fahren Sie auch?"

Ich habe alle Frauen des Betriebs eingeladen. Ich bin selbst schuld. Jetzt gibt es Unmengen an Kuchen und alle reden durcheinander. Ich bin in einem Milchviehmatriarchat gelandet und muss mir erst meinen Platz erkämpfen, vielleicht auch verdienen. Es wirkt, als hätten die Frauen hier das Heft in der Hand. Sie herrschen über das Milchvieh, das ja ebenfalls weiblich ist. Zweitausend Rinder sind hier untergebracht. 13 000 Liter Milch müssen am Tag produziert werden, dazu kommt die Kälberaufzucht für den Vertrieb. Ich frage eine beharrlich Schweigende nach dem Tagesablauf. Wann steht sie auf? „Drei viertel zwei!", ruft sie und versinkt wieder in, wie ich finde, wohlverdienter Stille. Um halb vier geht der Tag für die Melker los, die doch eigentlich Melkerinnen sind. Sie beharren nicht auf der weiblichen Endung, auf dem -in von Melkerin, sondern zucken mit den Schultern, als ich danach frage. So etwas ist ihnen egal. Die Älteren unter ihnen sind schon bei ihrer Ausbildung zum „Zootechniker/-mechanisator Rind" eine Sonderbehandlung für Frauen nicht gewöhnt gewesen. Und sei es auch nur in der Sprache. „Es gab nichts, was die Frauen in der Ausbildung nicht auch gemacht hätten", sagen sie, die hier alle mit der Landwirtschaft groß geworden sind. Die einen hatten einen richtigen Betrieb zu Hause, die anderen hielten ein paar Rinder und Schweine zur Selbstversorgung. Die Arbeit ist schwer, das wissen sie von Kindesbeinen an. Das frühe Aufstehen, die körperliche Anstrengung, die Verletzungsgefahr. Sie verknüpfen definitiv keine romantischen Vorstellungen damit. Und doch können sich viele von ihnen nichts anderes vorstellen. Landwirtschaft war auch lange Zeit die einzige Einnahmequelle auf dem Dorf, abgesehen von der Arbeit in der Munitionsanlage und dem Holzwerk. Als junge Frau ist man damals froh, wenn man sein Kind abgeben und sich auf einem Hof in der Nachbarschaft mit der Kälberaufzucht, als Melkerin, mit Kochen oder Saubermachen etwas verdienen kann, sagen die Älteren unter ihnen. Eine Revolution ist für diese Frauen der Krippenbus, der damals immer mehr der kleinen Dörfer anfährt. Die Frauen übergeben ihre wenige Monate alten Babys den Erzieherinnen, die sie in kleinen Kisten in dem wackeligen DDR-Kleinbus, dem Barkas B 1000, unterbringen und zur Krippe im Wald fahren. Aus heutiger Sicht ist das unvorstellbar. Eine von ihnen erinnert sich auch daran, dass sie manchmal ihr Kind bei der Feldarbeit auf dem Anhänger des Traktors schlafen lässt, um arbeiten zu können. Sie haben vielleicht kaum eine andere Wahl, diese Frauen, die noch immer in einem der ärmsten Landkreise Deutschlands leben. Dennoch würde keine von ihnen dieses Dorf verlassen, um in der Stadt zu wohnen. „Hier kann man noch machen, was man will. Man ist einfach frei in seinem Häuschen“, bringt es eine von ihnen auf den Punkt. „Außerdem kennen wir uns alle.“ Es ist ein Geflecht aus Beziehungen, auch in diesem Betrieb. Manchmal geht jemand, dann springt ein Verwandter, ein Bekannter, ein Nachbar ein. Auch untereinander schustern sie sich die Aufgaben zu, wenn mal eine von ihnen ausfällt. Auch die Chefin muss dann mit anpacken. Selbst die Mitarbeiterin, die in Frührente ist, wurde zu unserem Beisammensein eingeladen. Sie gehört noch immer dazu. Dass es manchmal keinen Ausweg aus dem Hamsterrad des Betriebes gebe, beklagen sie dann doch, weil die Rinder eben jeden Tag des Jahres versorgt werden müssten und der Druck in der Branche groß sei. Oft werden die 13 000 Liter Tagesproduktion nicht erreicht. Dann flattern Rechnungen von der Molkerei ins Haus, die ihren Produktionsausfall bezahlt haben will. Durch die beiden Dürresommer und das zu nasse Jahr 2021 gibt es große Ausfälle in der Futterproduktion, der Herstellung von Silage für die Rinder, die kompensiert werden müssen. Und auch die Düngerpreise liegen im Moment beim Dreifachen des Üblichen. Dazu kommen die Forderungen nach mehr Tierwohl, denn die Weide sehen diese Kühe hier nicht. „Natürlich wären wir auch für mehr Tierwohl, schließlich können wir nur mit gesunden Tieren arbeiten, aber die Politik müsste dann auch die Weichen stellen, damit es sich rentiert." Eine von ihnen stellt sich als „die Böse" vor. „Ich bin diejenige, die die Kälber von den Müttern trennt." Das geschieht in den ersten Stunden nach der Geburt, damit Mutter und Kind keine Bindung aufbauen und die Trennung leichtfällt, es kein Geschrei gibt. Danach werden die Kälber mit dem Milcheimer aufgezogen. Das ist ein Gefäß mit einer Gummizitze. Es gibt auch eine Kälbchenkarre aus einem halben Autoreifen. Für mich ist das eher bildende Kunst als ein Gebrauchsgegenstand. Fasziniert bin ich auch vom Milchautomaten. Er liest die Nummern der Kälber ab, wiegt sie und teilt ihnen die richtige Milchmenge zu. „Erst nach zwei Stunden kommt für das Kalb dann wieder Milch heraus, vorher nicht.“ Das ist für mich Science-Fiction. Die kalte Welt der Produktion, die mich schon von sich aus betrübt, wird im Zusammenhang mit Tieren noch absurder. „Wo sind eigentlich die Männer?“, wechsele ich das Thema. Da klopft einer. Er will, dass jemand ihm die Jacke zunäht, weil der Reißverschluss klemmt. Dann könne er sie sich über den Kopf ziehen und habe es wieder warm. Schon hat eine von den Frauen das Nähzeug aus dem Büro geholt und die Nadel wird durch den festen Nylonstoff geführt. Es werden Ratschläge gegeben, und ehe sie alle ausgetauscht sind, ist die Jacke schon wieder übergezogen. „Wie kommt ihr eigentlich mit dem Geruch hier klar?“, frage ich in die Runde. Denn als ich zum ersten Mal vom Rinderstall nach Hause gekommen bin, wurde ich in der WG im Spaß gehänselt. „Der Geruch ist ja eigentlich nicht schön“, sagt eine von ihnen. „Wenn man das mit einem Pferdestall vergleicht. Den Geruch liebe ich ja. Da könnte ich wohnen.“ Sie kichert. „Beim Arzt ist das wirklich schlimm“, sagt eine andere. Einmal wurde sie von einer Kuh verletzt. Sie musste sofort in die Arztpraxis und konnte sich vorher nicht mehr umziehen. „Das war unangenehm. Aber sonst riechen wir das gar nicht mehr. Außerdem sind Rinder nicht so schlimm wie Schweine. Oder Hühner!“ Da sind sich alle einig. Hühner riechen am schlimmsten. „Ich habe Angst vor Hühnern“, lacht die Chefin. „Einen Hühnerstall könnte ich nicht sauber halten.“ Dabei sitzt sie hier mit uns Hühnern, denke ich. Dabei ist genau das ihre Aufgabe. Sie ist es, die hier das Heft in der Hand hat, auch wenn man es heute nicht so merkt. Sie hat Feingefühl und ein Herz für ihre Mitarbeitenden, das merkt man gleich. Erst vor einem Jahr hat sie den Betrieb von ihrem Vater übernommen und viele Dinge sind ihr fremd. „Es ist noch immer aufregend. Aber die anderen trauen es mir zu. Wahrscheinlich mehr als ich selbst." Auch die Männer? Sie hat wenig Skepsis gespürt. Im Moment sind alle eine große Hilfe. Konflikte hat sie sowieso lieber mit den Männern als mit den Frauen. „Die hauen einmal auf den Tisch, dann ist es raus und dann geht die Arbeit weiter. Frauen können schon mal etwas in sich hineinfressen und man weiß ewig nicht, was los ist." Wie kommt es eigentlich, dass sie jetzt hier auf dem Chefsessel sitzt?

Nach der Wende geht sie zunächst mit ihrem Freund in den Westen, nach Detmold, weit weg vom väterlichen Betrieb. Der Vater, der hier vor und nach der Wende eine Jungrinderzuchtanlage leitet und eine bekannte Persönlichkeit in der Gegend ist, bedauert den Weggang seiner Tochter, die sich aber erst einmal selbst finden will. Sie bewirbt sich damals im Westen bei einem Elektronikunternehmen. „Meine Bewerbung war alles andere als fehlerfrei." Sie hat gerade erst bei einer Maßnahme des Arbeitsamtes Bewerbungen schreiben gelernt, wird dennoch zum Gespräch eingeladen und weiß, dass es ein wenig peinlich werden wird. Gleichzeitig denkt sie, sie hat wenig zu verlieren. „Es war Winter, überall lag Schnee und ich konnte mir keine Fahrkarte leisten. Also bin ich da zu Fuß hingelaufen, fünf Kilometer. Ich sehe noch vor mir, wie ich da angekommen bin." Blaugefroren und durchnässt sitzt sie vor dem Personalleiter des Elektronikunternehmens. „Ja, wie sind sie denn hierhergekommen?" – „Na, zu Fuß." Der Personalleiter ist beeindruckt von der kleinen Frau, die kilometerweit durch den Schnee gelaufen ist, um sich bei ihm vorzustellen. Er liest in ihrer Bewerbung, dass sie aus der Landwirtschaft kommt. Er fragt sie ungläubig aus: „Traktor sind Sie auch gefahren?" – „Ja." – „Und Mähdrescher auch?" – „Na klar. Ich musste ja bei der Ernte helfen." Sie wird eingestellt, fängt jedoch ganz unten an. In einem klitzekleinen Büro nimmt sie Anrufe für den Verkauf entgegen. Dann wird sie in die Poststelle beordert. Schließlich kommt sie ins Sekretariat der Ausbildungsabteilung und lernt hier Dinge, die sie auch jetzt noch weiterbringen: Computerarbeit, Team-Arbeit und Englisch. „Ich habe das alles gepackt." Sie arbeitet einige Jahre im Unternehmen, hat einen sicheren Arbeitsplatz. Dann ist ein Kind unterwegs, und hochschwanger packt sie das Heimweh. Als der Vater sie am Telefon fragt: „Willst du nicht nach Hause kommen?", ist der Entschluss schon gefasst. Sie kommt mit ihrer Familie zurück an die deutsch-polnische Grenze, steigt in den Betrieb des Vaters ein. „Ich wusste noch nicht einmal den Unterschied zwischen Flurstück und Gemarkung!", sagt sie, und ich schaue sie fragend an. Was ist eine Gemarkung? „Mehrere Flurstücke sind zusammen eine Gemarkung." Sie lacht. Sie macht einen Buchhaltungskurs und lässt sich von der Buchhalterin des Vaters nach und nach in alles einweihen. Als sie zum ersten Mal im Stall helfen soll, hat sie Schwierigkeiten. Der Tierarzt ist zum Blutabnehmen gekommen, zum sogenannten Bluten. Er brüllt zehnstellige Nummern durch den Stall. Sie soll sie in eine Tabelle eintragen. Sie wird hektisch. Was hat er gesagt? Schon ist das nächste Tier dran. Wie soll sie sich das alles merken? Der alte Landarbeiter grinst. Dann merkt sie, dass die Zahlen immer die gleichen sind, dass es die aufsteigenden Nummern der Rinder sind und dass alles doch nicht ganz so kompliziert ist. Der alte Mitarbeiter klopft ihr später auf die Schulter. Da weiß sie, dass sie im Betrieb angekommen ist. Aber auch, dass sie erst einmal in der Buchhaltung bleiben wird. Als ihr Vater vor zwei Jahren stirbt, ist das ein einschneidendes Erlebnis für die Familie. Durch die Pandemie findet die Beerdigung nur im kleinen Kreis statt, obwohl ihr Vater sicher eine riesige Trauerfeier bekommen hätte. Er war gesellig, hilfsbereit und durch die Pommernschau, die er jahrzehntelang für das Dorf organisierte, ein bekannter Mann. Ihr ist nach dieser schlimmen Zeit sofort klar, dass sie den Betrieb nicht aufgeben kann, dass sie versuchen wird, die Arbeit des Vaters fortzuführen. Sie holt sich Hilfe bei ihrer Schwägerin, die sie in der Buchhaltung einstellt. Sie wird nicht nur eine enge Vertraute, sie bringt auch viel Expertise in den Betrieb, denn sie hat in verschiedenen Branchen in der Buchhaltung und im Personalbereich gearbeitet. „Außerdem steht sie lieber im Mittelpunkt als ich. Das passt!“ Sie kann schon wieder lachen. Die Arbeit bleibt aber in den letzten Jahren ein Navigieren durch schwieriges Gelände. Sie schreiben noch immer schwarze Zahlen, aber die Herausforderungen sind enorm. Am meisten zu schaffen machen ihr nicht der konstant niedrige Milchpreis oder die überteuerten Düngemittel. Es ist der Fachkräftemangel, der den Betrieb lahmzulegen droht. Sie hatte im letzten Jahr keine einzige neue Bewerbung. Heute Morgen musste sie selbst in den Stall gehen und die frisch geborenen Kälber tränken, weil zwei ihrer Mitarbeiter ausgefallen sind. „Ich musste mir dann per Telefon erst einmal alles erklären lassen. Aber was soll ich machen?“ Die jüngste Mitarbeiterin ist um die vierzig, alle anderen sind älter. Oft kommt es in der alternden Belegschaft zu krankheitsbedingten Ausfällen.

Als wir im Kälberstall ein frisch geborenes Kälbchen finden, sehe ich einen Glanz in ihren Augen. Sie mag ihre Tiere. Ein Ausflug in den Stall ist für sie immer eine schöne Abwechslung. Ich mache ein paar Fotos von der Kuh mit der Fruchtblase, vom Tränkeimer und der Kälberkarre. „Das ist doch eigentlich eine gute Arbeit mit den Tieren oder nicht?“, sagt sie. Nachdem wir die acht Stallgebäude entlang zurück zum Haupteingang gegangen sind, reinigt sie auf dem kleinen Rasenstück vor ihrem Verwaltungsgebäude die Absätze ihrer Pumps vom Kuhmist. Während sie die Absätze immer wieder vor und zurück über das Gras zieht, ist sie schon wieder beim Fachkräftemangel: „Allein am Geruch kann es doch nicht liegen?“

## „Alles war so geheim damals, heute ist das lächerlich“

Ich treffe Ingrid und Irene in Ingrids Partyraum. Im Kamin prasselt ein Feuer. Es ist unerträglich heiß, obwohl wir hier eigentlich in einer Art Garage sitzen und die Temperatur draußen unter null liegt. Ingrid hat ihre Arbeitskollegin Irene eingeladen, denn ich will mit den beiden ihre frühere Arbeitsstätte, die sogenannte Muna, besuchen. Dass ich es mit achtzigjährigen Damen zu tun habe, vergesse ich schnell. Während Ingrid unter ihrem dichten braunen Haar eher forsch wirkt, ist die schmale Irene konzentriert und zurückhaltend. Ein interessantes Duo, deren Zusammenhalt bis ins hohe Alter aus der gemeinsamen Arbeitszeit im NVA-Kfz-Gerätelager herrührt. Noch heute trifft sich die ganze damalige Belegschaft zu gemeinsamen Essen und Geburtstagen.

Die beiden nennen das Gelände, das wir gemeinsam besuchen werden, immer noch „die Muna“. So wurde es zu NS-Zeiten genannt, weil hier 1938 eine von sechs Heeresmunitionsanstalten errichtet wurde, in denen chemische Kampfstoffe abgefüllt und gelagert wurden. Obwohl es zu der Zeit von Ingrid und Irene ein Kfz-Gerätelager der NVA war, hat sich die Abkürzung „Muna“ aus der Zeit des „Dritten Reiches“ auf unheimliche Weise in der Alltagssprache der Menschen hier erhalten. Nach dem Krieg wurden Teile des Geländes von der Sowjetarmee gesprengt. Für Ingrid und Irene war diese Ansammlung aus

Bürogebäuden und Baracken aber nur ein ganz normaler Arbeitsplatz. Von chemischen Kampfstoffen, die hier einst gelagert wurden, haben sie nie etwas gehört. Ingrid hat sogar sechzehn Jahre auf dem Gelände gewohnt und ihre Kinder hier großgezogen. „Das war so praktisch. Der Armee-Bus fuhr mich und die Kinder ins Nachbardorf zur Krippe und brachte auf dem Rückweg die externen Arbeiter mit in den Betrieb." Die NVA ist einer der wichtigen Arbeitgeber in der Region zu dieser Zeit. „Wir waren eine große Familie", sagt Ingrid und Irene nickt zustimmend. Von hundertvierzig Angestellten kommen hundertdreißig aus den umliegenden Dörfern und arbeiten hier als Zivilkräfte in Lager und Verwaltung. Es gibt nur wenige Uniformierte. Ingrid ist Leiterin der Versorgung, das heißt, sie kümmert sich um Bekleidung, Verpflegung und Unterkunft der Angestellten. Irene ist Buchhalterin. Bei ihr geht alles über den Tisch: vom Kauf neuer Schäferhunde zur Bewachung des Geländes bis zur Beschaffung des Elektrozauns, der in den Siebzigerjahren die Hunde ersetzen soll. Aber sie macht auch die Gehaltsabrechnung und erklärt den Mitarbeiterinnen und Mitarbeitern den Vorteil der neu eingerichteten Rentenversorgung für Staatsorgane. „Jedes Jahr mussten wir eine Verschwiegenheitserklärung unterschreiben", erinnert sie sich. „Alles war ja geheim. Selbst, wie viele Zivile auf dem Gelände arbeiteten." Wer hier seinen Lebensunterhalt verdient, muss im Sinne des Systems „sauber" sein. Kontakte zu Verwandten aus dem Westen oder gar zu „Republikflüchtigen" sind anrüchig. Streng wird beäugt, ob jemand Gegenstände oder Bekleidung aus dem Westen besitzt. Ingrid und Irene erinnern sich auch daran, dass an einem Paar mit Westkontakten ein Exempel statuiert wurde. Vor versammelter Belegschaft wurde das Ehepaar entlassen, weil sie in der Verwandtschaft Westbesuch empfangen hatten. Es überwiegen in der Erinnerung der beiden Damen, die vor mir sitzen, aber die schönen Erlebnisse, die vor allem mit der Gemeinschaft zu tun haben, die die beiden hier erfahren haben. Gemeinsame Grillabende in den auf der Anlage befindlichen Schrebergärten und Garagen, große gemeinsame Feste, wie der Frauentag. „Am Frauentag wurde im großen Saal zum Kaffee gedeckt. Jeder bekam eine Pantoffelblume oder eine Primel, Blumen waren ja auch Mangelware … Und die Männer haben uns dann bedient." Sie lachen. „Später wurde dann Musik gespielt und die Frauen haben nur mit den Frauen getanzt." Etwa die Hälfte der Angestellten sind damals Frauen. „Die fielen für den Tag dann aus", kichern die beiden. Anlässlich des Frauentages werden auch Ausflüge unternommen. Einer geht in den Friedrichstadt-Palast nach Ostberlin, die Hauptstadt der DDR. Auch eine Hochzeit wird auf dem NVA-Gelände gefeiert, bei der sie Blumen streuen. „Eine Hochzeit gab es als Angestellte übrigens nicht ohne blauen Brief. Das war der Austrittsbrief aus der Kirchengemeinde. Ich erinnere mich, wie ich auf diesen blauen Brief gewartet habe, um meinen Mann heiraten zu können", erinnert sich Ingrid. Sie hat vor allem noch ihren Wohnblock gut im Gedächtnis, in dem immer so viel los war. Viele

Familien mit Kindern, die eigentlich in jeder Wohnung zum Spielen ein und aus gehen. Sie ist die Einzige im Block, die zu dieser Zeit ein Telefon besitzt. Die anderen Familien lässt sie es mitnutzen. „Einmal rief eine Frau über mein Telefon ihre Schwester im Westen an. Da wurde ich sofort zu den Vorgesetzten zitiert." Auch Irene erinnert sich an die Strenge hier. „Einmal war ich krank und musste noch die Abrechnung machen. Da war es ein ewiges Hin und Her, bis man mir erlaubt hat, unter vielen Auflagen die Akte und das Rechengerät mit nach Hause zu nehmen. Heute wirkt das so lächerlich." Überhaupt muss sie lachen, wenn sie an das Rechengerät denkt. Es konnte nur Plus und Minus. „Später haben sie mir so ein großes, verstaubtes aus dem Keller gebracht, weil ich mich beschwert habe, dass ich alles schriftlich und im Kopf rechnen musste. Das konnte dann auch dividieren. Wenn das gerechnet hat, hat der ganze Tisch gewackelt."

Der Ausflug auf das ehemalige Betriebsgelände mit mir wird für die beiden zu einer Zeitreise. „Alle Gebäude stehen ja noch", sagt Irene ganz verstört. „Aber wie die aussehen …" Der Putz der rötlichen Baracken ist über die Jahrzehnte abgeblättert. Es ist ein kalter, nieseliger Morgen und wir gehen an dem Wachhäuschen und der rostigen Schranke vorbei, an der immer ein Posten stand. Man zeigte seinen Ausweis, dann ging es links auf einem kleinen Plattenweg in das Verwaltungsgebäude hinein, in dem sich auch der große Versammlungssaal befand. „Die beiden kleinen Fenster da oben, da saß ich doch immer, Irene!", ruft Ingrid sichtlich bewegt. Der Versammlungssaal, in den wir durch die Fenster hineinlinsen können, ist noch immer mit der Tapete von damals ausgekleidet.

Als wir in Ingrids ehemaligen Wohnblock gehen, erleben wir eine Überraschung. Weil hier zwischenzeitlich Grenzpolizei stationiert war, ist Ingrids damalige Wohnung jetzt eine Abhörzelle mit schalldichten Türen und Guckloch. Wie es ihr bei diesem Anblick wohl geht? Die Röte in ihrem Gesicht verrät mir, dass sie es nicht kaltlässt. „Hier war eine Wand", erklärt sie mir. „Dann kam die nächste Wohnung." Im Flur haben sie immer gefeiert, haben hier einen langen Tisch und Stühle aufgestellt. Hier war der einzige Ort in der Wohnung, an dem man an einer langen Tafel sitzen konnte. „Denn es kamen immer so viele Leute zusammen." Später sagt sie zu mir, ihr fehlten ein wenig die Worte in diesem Moment, als sie in der alten Wohnung stand. Das Gefühl sei nicht zu beschreiben. „Das war ja unser Schlafzimmer. Jetzt stand da ein Steinbett. Und in der Tür dieser Schieber … dieses Guckloch …" Was beide überraschte, war der schlechte Zustand der Gebäude. Früher haben sie in unzähligen „freiwilligen Masseninitiativen" gestrichen, ausgebessert, Unkraut gezupft, sodass das Gelände immer ordentlich und sauber aussah. Für mich wirkt das Gelände gerade wegen seiner Verwahrlosung so anziehend, dieser Lost Place mit seinen zersprungenen Fenstern, verrosteten Schranken und dem abgeblätterten Putz. Jetzt ist es ein Ort für Menschen wie mich, die gerne kaum leserliche Schilder und Gebäudebezeichnungen entziffern, in der Dämmerung Fotos von Rost machen und in deutscher

Geschichte herumwühlen. Heute habe ich Ingrids und Irenes Lebensgeschichte aufgewühlt und bin mir nicht sicher, ob ich ihnen damit eine Freude gemacht habe. „Nein, nein, das war schon sehr aufregend. Wir waren ja selbst immer so neugierig", beruhigt mich Ingrid.

## „Ich war ein Kaktus. Ich konnte nie wirklich genießen“

Ich schiebe meinen Kinderwagen durch den trüben Morgen. Eine kleine Frau in einer knielangen beigen Jacke kommt schnellen Schrittes über die Straße auf mich zu. „Ich habe Sie schon gesucht!“, ruft sie. Es klingt empört. Habe ich etwas kaputt gemacht?, ist mein erster Gedanke. Sie will mir etwas zeigen. Etwas Zerbrochenes? Sie will mir die afrikanische Sammlung ihres Mannes zeigen. Sie ist die Erste, die mich wirklich von sich aus aufsucht, um mir eine Geschichte zu bringen. Ich habe meine Telefonnummer an den Schwarzen Brettern in jedem Ortsteil angepinnt, habe sie im Amtsblatt veröffentlicht, obwohl man mir davon abriet, aber ich wurde nicht kontaktiert, noch nicht einmal belästigt, und war darüber enttäuscht. Jetzt sucht mich diese kleine Frau auf, um mir ihre Geschichte zu erzählen. „Ich will aber gar nicht über mich erzählen“, sagt Karin. Es gehe um ihren Mann. Ihr Mann bereiste vierzig Jahre lang Afrika, und nach seinem Tod blieb sie mit einer Sammlung afrikanischer Kunstgegenstände in ihrem Haus zurück. Sie könne damit nicht viel anfangen, sagt sie. „Er war ein besessener Sammler. Nicht zu stoppen“, erklärt sie. „Die Masken machen uns Angst“, sagen mir die Frauen im Dorf, als ich ihnen von Karin und ihrer Sammlung erzähle. Sie kennen das schon. Jetzt sagt Karin, ich solle im neuen Jahr einfach einmal vorbeischauen. Der grüne Bungalow am Ende der Straße. Es wäre besser, vorher anzurufen, aber sie stehe nicht im Telefonbuch. „Wegen der Werbung!" Ich merke mir eine fünfstellige Nummer.

Auf dem Weg zu ihr bin ich unsicher. In dieser Gegend gibt es viele Männer, die zur Jagd gehen. War auch Karins Mann ein Jäger? War er vielleicht in Afrika auf Safari, werde ich gleich auf illegale Trophäen vom Aussterben bedrohter Tiere stoßen? Ich denke auch an die Fremdenlegion und an die Raubkunstdebatte. Da steht Karin schon in ihrer Auffahrt und winkt mich zu sich heran. Kurz darauf sitze ich inmitten von Holzskulpturen, Masken, Ketten und Gewändern verschiedener afrikanischer Ethnien. „Das hat mein Mann auf seinen Reisen den Menschen aus den Dörfern abgekauft", erklärt Karin, die um die Bemühungen der Provenienzforschung und von den Rückgabeforderungen der Ursprungsländer weiß. Neben Kunsthandwerk stehen hier Heiligenfiguren, Hausgeister, hängen rituelle Masken und Gewänder an der Wand. Daneben finde ich die Büchersammlung ihres Mannes: Reiseliteratur, Bände über afrikanische und europäische Kunstgeschichte, Weltliteratur. Es ist eine kleine Ausstellung, die Karin hier nach dem Tod ihres Mannes aufgebaut hat. „Das ist längst noch nicht alles", sagt sie. Ihr Mann war ein Experte, ein Vortragsreisender. Ich halte schon eine Ausarbeitung seines Vortrages über „Heiler und Medizinmänner" in den Händen. Er organisierte gemeinsam mit anderen Kunstsammlern Ausstellungen, hatte auch einmal eine Ausstellung für das Dorf konzipiert. „Dafür hat er extra Skulpturen seiner Freunde aus dem Ruhrgebiet hierhergefahren. Nachts hatte er immer Angst, dass jemand etwas stiehlt, schließlich sind das große Werte." Das war Anfang der Zweitausender. Sie waren überrascht, wie groß das Interesse der Leute hier war, dass ihr Mann auch ins örtliche Gymnasium für Vorträge eingeladen wurde. Gemeinsam mit ihrem Mann hat Karin noch zu dessen Lebzeiten die meisten wertvollen Gegenstände über Auktionshäuser verkauft. Als wir Dias der früher in ihrem Besitz befindlichen Objekte anschauen, wird mir klar: Karin ist selbst über die Jahre zur Expertin geworden. „Fon, Chokwe, Chokwe, Fon" betitelt sie die Masken, die sie auf die kleine Siebzigerjahre-Leinwand projiziert. Ich erkenne mittlerweile auch etwas. „Chokwe ..." sage ich ihr leise nach.

Karins Mann war eigentlich Ingenieur in Gelsenkirchen, als die beiden sich kennenlernten. Schon in den frühen Sechzigerjahren reiste er mit einem Freund im Käfer durch die Sahara. Er muss radikal gewesen sein. Ich kenne Menschen, die zu dieser Zeit mit dem VW-Bus durch Afghanistan fuhren. Aber durch die größte Wüste der Erde, das erscheint doch auch für die Hippie-Zeit ein extrem aufregendes und gefährliches Unternehmen. In einem mit Schreibmaschine geschriebenen Reisebericht, den mir Karin zu lesen gibt, erfahre ich viel über diesen Mann, dem die Begegnungen mit anderen Kulturen nicht außergewöhnlich genug sein konnten, der ein ehrliches, unschuldiges Interesse für fremde Welten aufbrachte. Mitten in der Wüste begegnen die beiden Freunde einem Tuareg, der ihnen eine Seite aus dem Koran in einem Bündel übergibt. Die beiden bedanken sich stumm, wissen nicht, was sie zurückgeben können, und schreiben auf einen

Zettel: *Du bist ein lieber Mensch. Gott möge Dich beschützen und Dir viel Freude schenken.* Dann wickeln sie ihn ein und geben ihn dem Tuareg, der wiederum lächelt.

Karin selbst lernt ihren späteren Mann auf ähnlich absurde Weise kennen. Sie besucht damals ihre Schwester in Lübeck, die noch zu DDR-Zeiten „Republikflucht" begangen hat. Eine Bekannte der Schwester sucht eine Begleitung für eine Reise nach Belgien, und Karin, die nie die Möglichkeit noch den Partner für große Reiseunternehmungen außerhalb Deutschlands hatte, nutzt die Gelegenheit, einmal ein wenig die Welt zu sehen. Sie machen Halt in der Wohnung eines Bekannten, der eigentlich auf einer seiner Afrikareisen sein sollte. Als Karin im Schlafanzug gerade zu Bett gehen will, dreht sich ein Schlüssel in der Tür. „Der Besitzer kam nach Hause!" Eine unvergesslich peinliche Begegnung, findet Karin noch heute. Sie lacht. Aber die ungewöhnliche Situation prägt sich beiden ein, und sie halten nach dieser ersten Begegnung Kontakt. „Per Brief", sagt Karin. Schließlich steht er mit einem Blumenstrauß und Sekt vor ihrer damaligen Arbeitsstelle bei einer Versicherungsgesellschaft. „Das war auch wieder peinlich. Aber toll!", sagt Karin. „So war er." Auf den Fotos, die sie mir zeigt, sieht Karin glücklich aus. Die beiden reisen nicht nur nach Tansania. Am meisten liebt Karin die Bilder, die ihr Mann von ihr in der Umgebung des Dorfes gemacht hat: Am See, an der Randow, bei einem Ausflug in Szczecin. Verliebt guckt diese Frau, die damals in ihren Fünfzigern sein muss, in die Kamera. Ein Steg, eine helle Bluse, ein dezent aufgetragener Lippenstift, das ist

Karin in ihrer besten Zeit. Das sagt sie selbst, denn ihre Biografie ist bis dahin ein Leben voller Hürden gewesen.

„Ich komme aus einer Familie, in der es keine Liebe gab“, analysiert Karin ihre Herkunft. Die Familie ist arm, die Mutter lieblos, der Vater streng. Das Leben der Kinder findet größtenteils auf der Straße statt. Dennoch schafft es Karin in die Ausbildung zur Krankenschwester. Als sie noch währenddessen schwanger wird, soll sie heiraten. Sie ist unglücklich über die ganze Situation, denn Gefühle gibt es keine für den damaligen Partner. Man schleppt sie zur Hochzeit. Am Tag danach hat sie einen folgenschweren Unfall auf der Straße, einen Zusammenprall mit einem Motorrad. Das Überleben von Mutter und Kind ist lange Zeit ungewiss, die medizinischen Möglichkeiten sind damals noch begrenzt. Doch ihr Schädelbruch verheilt schließlich, und auch das Baby überlebt. Als Karin zur Ausbilderin geht, um ihre Lehre abzubrechen, sagt diese zu der Schwangeren: „Sie werden diese Ausbildung zu Ende machen. Das ist wichtig! Sie setzen sich jetzt da hin, und wenn es mit den Kopfschmerzen nicht mehr geht, machen sie eine Pause.“ Karin ist dieser Frau heute noch dankbar. Der Kopf schmerzte im Unterricht oft unerträglich, erinnert sie sich. Aber irgendwie schafft Karin die Prüfung. Sie spürt, dass sie die Kraft hat, ihr Leben selbst zu bestimmen. Sie erinnert sich in der Folge an die Trennung von ihrem Mann und dass sie später mit dem kleinen Kind zusammen Nachtdienste im Krankenhaus übernimmt. Das Baby schläft dann auf dem Dachboden, während Karin den Stationsdienst macht. Aber lange geht das nicht gut. Irgendwann wird das Kind größer und die Arbeitssituation spitzt sich so zu, dass sie gebeten wird, sich etwas anderes zu suchen. Ihr Vorgesetzter vermittelt ihr eine Stelle als Gemeindeschwester. Sie lernt ihren zweiten Ehemann kennen und eine Tochter wird geboren. Über diese zweite Ehe will sie nicht viele Worte verlieren. Es gibt wenig Freude in ihrem Leben. Drei weitere Ausbildungen wird sie in der Folgezeit absolvieren: zur Bibliothekskraft, zur Köchin, zur Versicherungskauffrau. Als Bibliothekarin gefällt es ihr am besten. „Mit der Bibliothek fing das ganz klein an", erzählt sie. Erst ist es ein kleiner Raum in der Schule, dann wird ein größerer Raum an der Dorfstraße zur Verfügung gestellt. Da dieser feucht ist, darf die Bibliothek schließlich ins Schloss umziehen. Wo nach dem Krieg Flüchtlingsfamilien Unterschlupf fanden, sind jetzt der Kindergarten, eine Küche und eine Bibliothek. Am häufigsten leihen die Auszubildenden der LPG ihre Fachliteratur aus und die Frauen Liebesromane. „Was gab es denn in dieser Bibliothek sonst noch für Bücher?", will ich wissen. Sie „verwaltete" Leo Tolstoi, Christa Wolf und Heinrich Böll. „Durfte man denn Böll lesen in der DDR?" – „Weiß nicht, ich hatte ihn auf jeden Fall in der Bibliothek. Mochte ich überhaupt nicht. Böll. Pah!" Akribisch führt Karin hier Buch. „Das Katalogisieren kann ich. Das habe ich dann wieder gebraucht, als mein letzter Mann diese afrikanische Sammlung nach und nach bei mir anschleppte." Dass sie einmal mit einem „Westler" so glücklich werden würde, hatte sie nie gedacht. „Ich konnte mit dem ganzen westlichen Lebensstil ja überhaupt nichts anfangen. Ich mochte noch nicht einmal in ein Restaurant gehen. Ich war wie ein Kaktus. Ich konnte nicht genießen." Wenn Karin über eine Speisekarte guckt, denkt sie heute noch, dass sie das alles selbst zubereiten kann, schließlich hat sie auch einmal in einer Küche gearbeitet.

Auf einer der Reisen nach Afrika, mittlerweile sind es Pauschalreisen, wird ihr Mann schwer krank. Sie müssen die Reise in Tansania abbrechen. Es folgen Krankenhausaufenthalte und Operationen. Karin bleibt an der Seite ihres Mannes, pflegt ihn, den Unabhängigen, Weitgereisten, der nun ihrer Hilfe bedarf. Ihr neues Haus haben die beiden vorsorglich so eingerichtet, dass sie auch im Alter gut zurechtkommen, und so kann sie diesen letzten Lebensabschnitt mit ihm im eigenen Zuhause würdevoll gestalten. Sein Wunsch ist es, in dem kleinen Dorf begraben zu werden, in dem er, „der Westler", schon im hohen Alter ein neues Zuhause gefunden hat. Bei einem Besuch auf dem Dorffriedhof ist mir sofort sein Grabstein ins Auge gefallen, auf dem golden der Umriss Afrikas zu sehen ist, darin prangt sein Name. Die Ferne wurde so im Dorf verewigt, eine Idee von Karin.

Nach seinem Tod ist alles anders. Viele Freundschaften sind durch die Jahre der Krankheit auseinandergegangen. Es wird ruhig. Dann bekommt auch noch das neue Haus Risse. „Mit dem Fundament soll irgendetwas nicht stimmen", sagt sie. Ich denke, das Haus, die Hausgeister vermissen ihren Besitzer, suchen jetzt, nach seinem Tod, den Weg zurück nach Kamerun, Benin, Kongo, Tansania. „Das ist wegen der Skulpturen, der Geister“, sage ich vorsichtig zu Karin. „Na ja“, erwidert Karin und holt eine kleine Figur aus dem Schlafzimmer, „Ich denke eher, es liegt an meinem Kicheli. Ich habe seit ein paar Jahren meinen Hausgeist nicht gefüttert.“ Die faustgroße Holzskulptur mit dem ovalen Loch im stilisierten Gesicht erinnert an Munchs *Schrei*. Täglich soll man ihm einen Teil des Essens auf die Stirn legen, damit er dem Haushalt Glück bringt. „Aber kann das sein?“ Wir lächeln uns schief an, ich mit meinen Augenringen einer überlasteten Jungmutter und Karin über den Rand ihrer eckigen Lesebrille hinweg.

Bei meinem zweiten Besuch habe ich Karin eine kleine Skulptur der Künstlerin Annette Lauer abgekauft. Ein fragiles Stoffmännchen, das einen riesigen Stein vor sich herträgt. Oder ist es ein Kokon? „Das bin ich. Und der Stein ist das Dorf“, sage ich zu Karin. Sie schmunzelt.

## „Ich werde nie Gertrud, ich werde immer *Schwester* Gertrud sein“

Ich bin zu spät, habe mich verfahren. Hektisch zerre ich den Rucksack mit der Kladde für meine Notizen vom Rücksitz. Obwohl ich jetzt schon drei Monate im Dorf wohne, habe ich mich bei der Anfahrt auf Google verlassen und bin dabei im Nachbarort gelandet. Die Wegbeschreibungen der Einwohnerinnen bereiten mir immer wieder Kopfschmerzen, weil ich die Hausdächer, das Gestrüpp am Wegesrand und den großen Hund des Nachbarn nicht kenne. Deshalb habe ich aufgehört zuzuhören, wenn mir jemand erklärt, wo er wohnt, obwohl die Beschreibungen natürlich bis ins kleinste Detail stimmen. Das Ehepaar, das ich heute besuche, wartet schon seit einer halben Stunde. Den Kaffee haben die beiden mittlerweile in eine Thermoskanne umgefüllt und die Apfeltaschen sind kalt geworden. Gertrud schimpft mit mir im Spaß, während ihr Mann Kalli mir fest die Hand drückt und auf seinem großen Ohrensessel Platz nimmt. Er sei wieder im Wald gewesen, erzählt er. Er ahnt, dass ich vor allem hier bin, weil ich von ihm wissen will, wo genau im Wald die Eingänge in das Tunnelsystem der Bunkeranlagen sind, in dem sie als Kinder gespielt haben und von dem sie mit Kriegsschrott auf dem Gepäckträger wieder nach Hause kamen. Aber heute erfahre ich erst einmal etwas ganz anderes, dass seine Frau Gertrud nämlich eine halbe Hugenottin ist. Gertrud ist eine Frau mit Migrationshintergrund.

Nach 1685 siedelten sich in einem der kleinen Dörfer in der Gegend Hugenotten an. Sie waren nach der Verfolgung unter Ludwig dem XIV. aus ihrer Heimat Frankreich geflohen und fanden Unterschlupf im benachbarten Ausland. Von einer dieser französischen Flüchtlingsfamilien, die sich hier niederließen, der Familie Sy, stammt „meine" Gertrud ab. Die Franzosen brachten damals auch den Tabakanbau in die Region, von dem viele Familien, auch Gertruds Familie, bis in die Sechzigerjahre lebten. Erst dann war er wegen Steuererhöhungen als Anbaupflanze nicht mehr lukrativ.

Gertrud hat vier Geschwister, von denen drei an einer schweren erblichen Muskelerkrankung leiden. Zwei weitere Geschwister versterben früh. Von klein auf ist sie es gewohnt, mit Leid und Krankheit umzugehen, sich um die Kranken in ihrer Familie zu kümmern. Sie hilft der Mutter bei der Versorgung ihrer Geschwister, die rund um die Uhr betreut werden müssen, und so liegt ihr Berufswunsch nahe. Sie will Krankenschwester werden, und das ist sie bis heute für alle in der Gemeinde: Schwester Gertrud. „Ich werde nie Gertrud, ich werde immer *Schwester* Gertrud sein. Obwohl ich doch jetzt in Rente bin." Als sie die Schule beendet hat, macht sie eine Ausbildung am Krankenhaus in Pasewalk. „Große Krankenpflege" heißt das im Jahr 1972, als Gertrud die Ausbildung beginnt. Ihren Mann lernt sie am Kutzowsee kennen. Wo heute eine Jugendbegegnungsstätte ist und gerade ukrainische Frauen und Kinder untergebracht sind, sind damals NVA-Soldaten im Sommerlager stationiert. Kalli, der nach Abschluss seiner Maurerausbildung zum Wehrdienst eingezogen wird, ist der beste Freund des Partners ihrer Freundin, und so lernt man sich im Dorf kennen. Die beiden fahren gemeinsam mit der Schwalbe durch die Wälder, während der Verteidigungsminister in einem Tatra 603 in der Gegend seine Jagdausflüge unternimmt. Kalli erinnert sich daran, dass er als NVA-Soldat das teure Gefährt und seinen Insassen manchmal in dieser Zeit bewachen musste.

Aus der Sommerromanze wird ein Ehepaar, und als Gertrud 1975 mit der Ausbildung fertig ist, kommt ihr erstes Kind zur Welt. Krankenhausdienste werden von nun an schwierig, auch weil das Krankenhaus so weit vom Wohnort entfernt ist. Sie wird von der Schwiegermutter bei der Kinderbetreuung unterstützt und findet 1976 im Nachbarort bei der Mütter- und Schwangerenberatung eine Anstellung als Fürsorgerin. Im sogenannten Landambulatorium haben die Ärztinnen und Ärzte damals ihre Diensträume. Hier wird untersucht und operiert, hier kommen Kinder zur Welt. „Wir auch!“, sagt Gertrud und lacht. Sie und ihr Mann sind beide hier geboren. Auch Spezialisten kommen einmal wöchentlich aus Pasewalk, und hier ist dann Gertruds Platz. Wenn die Gynäkologin aus Pasewalk ins Landambulatorium kommt, organisiert sie die Termine und hilft bei der Untersuchung. Gewichtskontrolle, Urinkontrolle, Blutabnahme und die Führung des Schwangerenausweises sind ihre Aufgaben. Einmal wöchentlich fährt sie mit dem Chauffeur und der Kinderärztin des Ambulatoriums über die Dörfer und kümmert sich um die Kinder. In jedem Ortsteil gibt es eine Gemeindeschwester, die für die medizinische Basisversorgung zuständig ist. Gertrud koordiniert die Arbeit mit den kleinen Patientinnen und Patienten. „Wir haben die Kinder einbestellt und dann wurde geimpft. Tetanus, Diphtherie, Keuchhusten, Polio. Bis 1977 gab es auch noch die Pockenimpfung." Sie untersuchen bei diesen Touren dann auch die Kinder, die so krank sind, dass sie nicht ins Landambulatorium kommen können. Gertrud notiert für mich einen Tagesablauf von damals:

*Tagesablauf einer Mütterberatungstour:*
*7 Uhr: Arbeitsbeginn im Landambulatorium Löcknitz, Vorbereitung der Tour Mewegen-Pampow-Blankensee, Einpacken: Babywaage, Tasche mit sterilen Spritzen und Kanülen, Tupfer, Pinzetten, Otoskop, Fieberthermometer, Bandmaß, Kühltasche mit Impfstoffen und Dekristol, Karten mit Karteikarten, Stempel und Schreibutensilien, alles ins Auto einladen, Kinderärztin und zwei Schwestern fahren mit*
*8.15 Uhr: Ankunft in der Schwesternstation in Mewegen (5–7 Kinder), Babys wiegen, messen, über Alter und Ernährung befragen, Entwicklungsstand wird von Ärztin festgestellt und wenn nötig, wird geimpft, dann geht es weiter zur Station in Pampow (10–12 Kinder): wieder Babys wiegen, messen, über Alter und Ernährung befragen, Entwicklungsstand wird von Ärztin festgestellt und wenn nötig, wird geimpft*
*anschl. Frühstück mit der Gemeindeschwester*

*12 Uhr: zurück im Landambulatorium*
*Mittagspause*
*anschl. unsterile Spritzen und Kanülen zum Säubern in die Sterilisation bringen, alle Karteikarten noch einmal durcharbeiten, die Impfungen in die Impfliste eintragen*
*nächste Tour planen und festlegen, Einladungskarten schreiben*
*16 Uhr Feierabend – mit Moped oder Auto nach Hause*

„Ich denke, dass die Versorgung damals nicht so schlecht war, vor allem weil wir so nah bei den Menschen waren“, sagt Gertrud, als wir über das Gesundheitssystem ins Gespräch kommen. Für manche ist das Gesundheitssystem der DDR allerdings zu nah. Denn auch unangekündigte Hausbesuche sind vollkommen üblich. Auch ohne Ärztin schaut man als Schwester spontan bei den frischgebackenen Müttern nach dem Rechten, macht Nabel- und Gewichtskontrolle und besucht Haushalte von Schwangeren, bei denen Schwierigkeiten zu erwarten sind. Alles wird dann genau inspiziert, auf Ordnung und die richtige Ausstattung für den Säugling geachtet, weshalb viele mir erzählen, dass sie als junge Mütter Angst vor Schwester Gertruds Besuchen hatten. Sie hatten gehört, dass Säuglinge aus den Familien genommen würden, wenn nicht alles in bester Ordnung sei. „Was, die hatten Angst vor mir?“ Für Gertrud ist das unverständlich. „Es kam nur zwei Mal in vierzehn Jahren vor, dass wir in Zusammenarbeit mit der Jugendhilfe ein Baby aus der Familie nehmen mussten“, erklärt Gertrud. „Dann ging es immer um Unterernährung." Diese Säuglinge kamen dann in ein nahegelegenes staatliches Kinderheim. Eine andere Frau erzählt mir, dass sie in diesem Heim in den Achtzigern gearbeitet hat und Zeugin von Gewalt gegen die Kinder wurde. Von Misshandlungen hat Gertrud selbst damals nichts gehört. „Aber es war eine harte Zeit. Jetzt ist ja die ganze Versorgungslage eine andere", erklärt sie, die noch bis 2020 als Sprechstundenhilfe tätig war. Sie hat in ihrer Dienstzeit nicht nur eine riesige Bandbreite an medizinischen Fortschritten miterlebt. Sie stellt auch fest, wie wenig Zeit man mit den Säuglingen als Mutter früher verbringen konnte. „Erst waren es sechs, dann zwanzig Wochen Mutterschutz vor und nach der Geburt. Später war es dann ein Jahr bei vollem Gehalt." Und dann seien viele Kinder ja auch keine Wunschkinder gewesen wie heute. Viele der Frauen, mit denen ich geredet habe, wurden tatsächlich von ihrer Schwangerschaft überrascht und waren überhaupt nicht darauf vorbereitet, geschweige denn aufgeklärt. Man selbst plante nicht, dafür hatte der Staat einen Plan. „Ich saß auch in der Krippenkommission. Gemeinde, Betriebe und Gesundheitssystem waren dort vertreten. Es ging dann zum Beispiel darum, dass eine Frau wieder zurück in den Betrieb sollte und wir für einen Krippenplatz gesorgt haben. Es gab später auch einen Krippenbus, der über die Dörfer fuhr, damit die Frauen zur Arbeit konnten." Auch Gertrud erzählt mir vom Barkas, der über die Dörfer fuhr und die wenige Monate alten Säuglinge abholte, die in Kistchen verstaut wurden und zur Krippe im Wald gebracht wurden.

Nach der Wende fällt ihre Stelle sofort weg. Das Gesundheitssystem ändert sich radikal. Durch ihre Beziehung zu den Ärztinnen von damals findet sie aber gleich etwas Neues. Sie kann in deren neu eingerichteten Praxen als Sprechstundenhilfe arbeiten und fasst schnell wieder Fuß. Noch heute trifft sie sich zu Geburtstagen mit den Arbeitskolleginnen aus der Praxis und der Ärztin. Was Gertrud aber vermisst, ist der Zusammenhalt aus DDR-Zeiten, die Bauernmärkte und die Tanzabende, die sie noch gut in Erinnerung hat. Sie liebte ihre Arbeit in dem kleinen Medizintrupp, der von Dorf zu Dorf fuhr. „Ich war so selbstständig, durfte so viel entscheiden. Ich hätte das mein Leben lang machen können." Hatte sie eigentlich auch mit Abtreibungen zu tun? „Ja, es kamen manchmal Frauen mit diesem Wunsch in die gynäkologische Sprechstunde. Meist waren sie älter und hatten schon zwei oder drei Kinder. Die bekamen dann ihren Einweisungsschein fürs Krankenhaus. Das war alles." Wenn man bedenkt, dass selbst heute sich Frauen noch einer Beratung unterziehen müssen und ein Abbruch auf die ersten zwölf Schwangerschaftswochen begrenzt ist, wirkt die Praxis in der DDR seltsam technokratisch, aber auch unkompliziert. Ich merke, dass es für Gertrud kein Tabuthema ist, kein Thema, über das mit einer Fremden, noch dazu aus einer ganz anderen Generation, zu reden ihr schwerfällt. Eine andere Frau hat mir erst nach langem Hin und Her erzählt, dass sie jetzt, wo Abtreibungen in Polen verboten sind, manchmal für polnische Verwandte in der nächsten Stadt einen OP-Termin vereinbart. „Dennoch wurde über einen Abbruch normalerweise Stillschweigen bewahrt. Es war nicht so, dass man mit anderen Frauen oder außerhalb der Familie darüber sprach“, sagt Gertrud.

Sie zeigt mir zwei Fotos von sich, die ihr gefallen. Das eine bei der Arbeit am Computer in der Praxis, das andere mit ihrem Schäferhund auf einem frisch gepflügten Acker. „Mein Mann ist aber der große Tierliebhaber der Familie“, erklärt sie. Ich habe auch schon seine Lektüre gefunden, *Die Letzten ihrer Art*, ein Bildband über alte Tierrassen. „Das ist sein Buch, gerade angekommen.“ Ich kann ihn mir nur schwer vorstellen, diesen fleißigen, kleinen Mann, wie er ruhig auf seinem Platz sitzt und ein Buch über Tierarten liest. Ich stelle ihn mir lieber im Wald vor, zwischen den kahlen Stämmen, im Dickicht, in Erdlöchern und Senken, wie er Pilze sammelt und über die alten Bunkeranlagen klettert, auf der Suche nach einem verborgenen Eingang. Ich muss ihn danach fragen. Ich darf das nicht vergessen. Als ich Gertrud für ein Foto in den Taubenschlag ihres Mannes sperre, merke ich, was sie meint, wenn sie sagt, sie sei nicht die große Tierliebhaberin. Es ist ihr nicht geheuer zwischen den weißen Pfautauben, die mit ihren hübschen Schwanzfedern um sie herumflattern. „Ich koche lieber die Tauben“, kichert sie, und die Tauben scheinen das zu wissen. Gertrud gefallen eher die Riesenschecken, die gerade Junge bekommen haben, die rosa-schwarz gefleckt und kaum handtellergroß im Heu liegen. Osterhasen. „Die hat mein Mann schon gezüchtet, als wir uns kennengelernt haben“, schmunzelt sie. „Toll, oder?“ Bei den Hugenotten wird Wert auf deutsche Tradition gelegt.

## „Es gibt so viele Möglichkeiten zu kommunizieren“

Anjas Atelier ist ein heiliger Ort. Nicht nur für Anja selbst, auch für mich, die zwischen den bis an die Decke gestapelten Farbdosen, den angefangenen Skulpturen, Schalen und Bechern steht. Anja arbeitet mit Keramik, sie gibt Kurse und verkauft ihre eigenen Kreationen über das Internet. Das Auge hat sofort Spaß an den Details in diesem Raum, die sich von der großen Wandtafel, auf der die Formel für eine Glasur mit Kreide notiert ist, und dem groben Holztisch in der Mitte des Raumes absetzen. In dieser Atmosphäre komme ich sofort zur Ruhe, und auch Anja hat hier nach langer Suche den Mittelpunkt ihres Lebens gefunden. Sie kommt aus Szczecin und hat vor sechs Jahren das kleine Haus an der Dorfstraße gekauft, weil die Immobilienpreise hier, jenseits der Grenze, günstiger sind als in Polen. Sie atmet tief ein und strahlt, als sie über ihr Zuhause spricht. Obwohl ich ihre Worte übersetzt bekomme, glaube ich, sie auch so zu verstehen. Die Natur, das Haus, die Keramikarbeiten haben Anja geerdet und zu einem glücklicheren Menschen gemacht.

Oft wird Anja in der Familie kritisch gefragt, wie sie das aushält, in einem deutschen Dorf. So ganz allein, ohne die polnische Kultur, die Gemeinschaft, mit den schrecklichen Deutschen. Anja muss darüber lachen. Sie versteht, dass es da immer noch eine tiefsitzende Angst und Vorbehalte gibt, die aus der Geschichte herrühren, aber sie will im Hier und Jetzt leben. Ihre Großeltern selbst litten im zweiten Weltkrieg mehr unter der Roten Armee als unter den Deutschen. Sie gehörten zur polnischen Minderheit in Belarus. Als die Ostfront näher rückte, immer mehr Männer zum Krieg eingezogen wurden, wollten die Sowjets ihren Onkel, der damals ein junger Mann war, zur Armee verpflichten. Aber er verstand sich nicht als Bürger der Sowjetunion, sondern als Pole, wollte unter keinen Umständen in diesen sinnlosen Krieg ziehen. Er versteckte sich auf der Flucht im Planwagen in einem Fass. Obwohl die Soldaten mit Lanzen in die Fässer hineinstachen und gezielt nach Deserteuren suchten, gelang ihm die Flucht mit der Familie ins westpommersche Köslin, das seit 1945 Koszalin heißt. Sie standen lange Zeit vor dem Nichts. Anjas Vater fand irgendwann eine Anstellung bei einer Werft in Szczecin und dort wächst Anja mit ihrer Schwester und dem Rest der Familie in einfachen Verhältnissen auf. Die Mutter ist streng katholisch und die Kirche spielt auch jetzt noch eine große Rolle in Anjas Leben. Vielleicht ist sie auch der Grund, dass Anja sich zunächst zur Pädagogin für Menschen mit Behinderung ausbilden lässt. Für hilfsbedürftige Menschen da zu sein, mit ihnen gemeinsam zu arbeiten, ist lange Jahre eine Erfüllung für Anja. Sie liebt es, für diese Menschen mit unterschiedlichen Problemen kreative Lösungen zu finden. Sie erinnert sich an einen jungen Mann, der im Rollstuhl saß und aufgrund seiner Einschränkungen sich kaum an den Arbeiten mit Holz, Stoff und Papier beteiligen konnte, die die anderen bewerkstelligten.

Sie baut eine Vorrichtung an seinen Rollstuhl, mit der er per Knopfdruck eine rotierende Bürste am Boden neben den Rollstuhlrädern aktivieren kann. So fährt er umher und hilft dabei, Ordnung zu schaffen. Auch das ist Teilhabe. „Ich denke, ich bin eine Erfinderin", sagt Anja, der solche Herausforderungen besonders Spaß machen. Sie wechselt bald den Arbeitgeber, geht von Szczecin nach Dobra. Sie nimmt dort an einem Fortbildungskurs für die Arbeit mit Keramik teil, der das Angebotsspektrum beim neuen Arbeitgeber erweitern soll. Neun Stunden täglich befassen sich die Teilnehmerinnen und Teilnehmer in diesem Kurs auf einem malerischen Gutshaus mit dem Formen, Glasieren und Brennen von Ton, mit unterschiedlichen Verfahren und der Geschichte des Materials. Plötzlich weiß Anja: „Das ist es, wo ich hingehöre!" Die Arbeit mit Keramik wird von nun an zu ihrer Berufung. Sie hat eine vage Vorstellung von Selbstständigkeit, sucht nach einer geeigneten Immobilie und wird hier im Dorf jenseits der Grenze fündig. „Am Anfang bin ich noch nach Dobra zur Arbeit gefahren, aber meine polnische Freundin hier im Dorf hat mir schnell bei den Behördengängen geholfen und mir die erste Kundschaft für meine Kurse vermittelt." Obwohl Anja noch immer kaum Deutsch spricht, mehr durch das Material und ein paar Fachvokabeln kommuniziert, hat sie mittlerweile einen großen Kundenkreis. Einerseits sind es polnische und deutsche Kinder, andererseits auch Frauen aus dem Dorf, die die Ruhe und die kreative Energie in ihrem Haus aufsaugen. Wenn ich sie hier in ihrem Atelier sehe, betrachte ich sie sofort als Einheit mit den

Gegenständen, die sie hervorbringt, den Glasuren, den Werkzeugen. Ihre Gesichtsform, ihre Frisur, ihr Hautton finden sich in den Formen ihrer Arbeiten wieder, als gäbe es hier eine Art Symbiose von Mensch und Gegenstand.

Im Dorf ist sie über die Jahre gut angekommen, wobei sie ein Mensch sei, der nicht viele Kontakte braucht, da sie immer mit ihrer Arbeit beschäftigt sei, erklärt sie mir. Auch ihr Mann ist nur am Wochenende zu Hause. Sie erinnert sich, dass bei der Immobiliensuche jemand die Schäferhunde in den Garten ließ, um sie zu verscheuchen, und an eine Auseinandersetzung mit einer Sprechstundenhilfe beim Arzt, die sagte, wenn sie hier lebe, müsse sie auch die Sprache sprechen. „Das hat mich aufgeregt! Dabei gebe ich ihr auch Recht“, sagt sie. „Es wäre schöner, fließend zu sprechen, aber das Lernen ist in meinem Alter mühselig und ich komme auch so einigermaßen zurecht. Es gibt ja so viele Möglichkeiten zu kommunizieren.“ Hier im Dorf überwiegen für sie die positiven Eindrücke und Erfahrungen mit der Gemeinschaft. Von Anfang an haben alle auf der Straße ihr zugewunken, obwohl sie gar nicht wusste, wer das war. Sie winkte einfach mal zurück. Sie lacht. Das Winken hat sie von Anfang an berührt. Sie liebt hier besonders die Fahrten mit dem Auto, mit dem Rad durch die Natur, den Wald. Das war schon so, als sie noch täglich nach Dobra zur Arbeit fuhr. Es war der Moment der Entspannung für sie, wenn sie den Kopf mal wieder voll hatte. Wenn sie durch „ihren“ Wald fährt, vergisst sie den Stress des Tages. „Jede Jahreszeit hat ihren Reiz, und der Wald hat immer eine andere Stimmung", findet sie. Mir geht es genauso. Mal ist er düster romantisch, dann wieder hochherrschaftlich, dieses Universum aus Parallelen. Ich will wissen, ob sie schon einmal dem Wolf begegnet ist, der sich hier herumtreiben soll. „Nein", sagt sie. „Aber …" Sie zeigt mir eine Holzarbeit von einem Wolf im Wald. Eine Wolfsskulptur aus Keramik soll nach diesem Vorbild entstehen. Sie hat das schon alles im Kopf. Es ist schon in Arbeit.

## „Ich wohne bei Muttern! Aber im Bauwagen, wir sind zwei Sturköpfe“

Das erste Mal bin ich Lina auf einem Feldweg begegnet. Es war mein erster Spaziergang durchs Dorf. Ich hatte meinen Kinderwagen dabei und sie ihren Hund. Dass er Shanti, also „Frieden“ heißt, war damals nicht ersichtlich, denn er versperrte mir, der Fremden, erst einmal den Weg und knurrte. Als sich Lina mit ihrem graubraunen Turm aus Dreadlocks zu uns umdrehte, trabte Shanti schon wieder brav in Richtung ihres Frauchens. Und auch ich habe mir nichts anmerken lassen. So ist es halt in einem neuen Rudel, dachte ich. Ich wusste nicht, dass ich in Shantis Revier eingedrungen war, denn Lina war damals wie jeden Tag auf dem Weg zu ihrem Gemüseacker. Sie arbeitet seit drei Jahren als Gärtnerin auf dem Biohof im Dorf und ist für die Gewächshäuser und einige Ackerflächen verantwortlich. „Das reicht mir auch an Verantwortung. Ich bin nicht jemand, dem einer abgeht, wenn er an hektarweise Kohl denkt“, erklärt sie lachend. Zu einem späteren Zeitpunkt im Jahr habe ich manchmal Schwierigkeiten, sie bei meinem Spaziergang auf dem Feldweg mit ihrem Dread-Dutt zwischen den hochgewachsenen Rosenkohlbäumchen zu identifizieren. Sie ist kein Fehler im Bild. Ganz so, als habe sie sich selbst über die Jahre zu einer besonderen Pflanze entwickelt.

„Warum meckern hier immer alle so viel?“, sagt Lina beim Wässern im Gewächshaus, die schmale

Lina, die selbst nicht von hier ist, sondern aus der Voreifel in der Nähe von Köln stammt. Ihr sind positives Denken und Achtsamkeit sehr wichtig. Umso mehr, seit ihr Partner vor einigen Jahren verstorben ist. Vielleicht ist sie gerade deshalb so sensibel für das negative Gerede, das auch mich an den Menschen hier stört. Sie kann nicht verstehen, wie man in dieser wunderschönen Natur schlecht gelaunt sein kann. Gerade wohnt sie so naturnah wie möglich: in einem Bauwagen auf dem Grundstück ihrer Mutter. „Aber mit Internet!" Und das wird auch noch eine Weile so bleiben. „Ich hätte nicht gedacht, dass meine Mutter und ich uns noch einmal so nah werden", sagt sie, die eigentlich andere Pläne für ihr Leben hatte. Als sie in ihrem ersten Leben mit ihrer Mutter, der Heilpraktikerin, zusammenwohnt, geht es ähnlich idyllisch zu. Lina übernimmt schon früh Verantwortung für die Tiere der Familie, liebt Pferde und will eigentlich Tierärztin werden. Sie erinnert sich, dass sie schon als junges Mädchen gerne um fünf Uhr morgens mit dem Hund Gassi geht. Als der ersehnte Studienplatz ausbleibt, fängt sie nach der Schule eine Ausbildung zur Tierarzthelferin an. In diesem Beruf arbeitet sie ein paar Jahre, lässt sich nebenher zur Tierheilpraktikerin ausbilden und will sich mit fünfundzwanzig in diesem Beruf selbstständig machen. Lina hat tatsächlich von Anfang an einige treue Kunden, aber zum Leben reicht das Geld nicht. „Ich hätte damals jemanden gebraucht, der mir mehr Mut macht, dann hätte ich das sicher geschafft. Aber ich war noch so jung." Viele Jahre arbeitet sie anschließend in einem

Bioladen in Köln-Ehrenfeld, bis ihr eines Tages die Decke auf den Kopf fällt. Sie beschließt, eine Auszeit zu nehmen, eine „Auszeit vom Service“, und ganz allein den Jakobsweg zu laufen. Sie beginnt ihre Reise in Pamplona, läuft siebenhundert Kilometer zu Fuß bis Santiago di Compostela und dann immer weiter. „Am Ende konnte ich nicht mehr anhalten. Ich bin irgendwann am Kap Finisterre angekommen, am Ende der Welt. Da war dann wirklich Schluss.“

Die Reise hat alles verändert. Die deutsche Arbeitswelt wirkt plötzlich so klein und eng. Als sie zurück in Köln-Ehrenfeld ist, fühlt sich Lina eingesperrt. Die Schichten im Bioladen werden nach und nach zur Qual. Sie beschließt, ihre Zelte in der Stadt abzubrechen, kündigt die Wohnung. Eine Befreiung, wie sich herausstellt. Sie bewirbt sich als Praktikantin auf einem Biohof in der Eifel und macht anschließend eine Demeter-Ausbildung im Münsterland, lebt in einer Landkommune. Seitdem hat sie nie wieder in einer Stadt gelebt, nie wieder allein in einer Stadtwohnung. In der Kommune lernt sie ihren späteren Mann kennen, der mit ihr Pläne für die Zukunft schmiedet. Ein eigener Betrieb, eine eigene Gärtnerei, davon hat Lina schon länger geträumt. Jetzt hat sie jemanden, mit dem sie ihre Träume realisieren kann. „Gemüsegärtnerei Erdenkinder“ nennen sie ihren Betrieb. Eine kleine Familie ist in Planung. Einige Jahre läuft alles gut, ist das kleine Unternehmen rentabel, auch wenn sie zu zweit ständig an ihrer Belastungsgrenze arbeiten. Dann trifft Lina wie aus dem Nichts ein schwerer Schicksalsschlag. Ihr Partner verstirbt an einer Herzerkrankung und Lina verliert den Boden unter den Füßen. Der Verlust, dazu die viele Arbeit als Selbstständige – sie weiß nicht, wie es weitergehen soll. „Ohne die Unterstützung von Freunden und Bekannten hätte ich diese schwere Zeit niemals überstanden. Die haben mich wirklich aufgefangen." Auch die Arbeit in der Natur und ihr Hund, den die beiden sich kurz zuvor angeschafft haben, helfen ihr dabei weiterzumachen. „Kurz vor seinem Tod habe ich mir die Dreads machen lassen. Vielleicht haben sie mir auch die Kraft gegeben, das alles zu überstehen."

Alleine wird es unmöglich, die „Erdenkinder" am Laufen zu halten. Sie ist jetzt sechsunddreißig, eigentlich mitten im Leben, und doch hat dieses Leben einen großen Riss bekommen. Nach einiger Zeit schlägt sie bei ihrer Mutter in Brandenburg auf, die sich ein einsam gelegenes Haus gekauft hat. „Eigentlich wollte meine Mutter ganz allein leben und als Selbstversorgerin mit eigenem Brunnen, Solaranlage und einer Ziegenherde alt werden. Aber in ihrem Alter ist das wohl auch nicht mehr ganz so einfach", sagt Lina. Weihnachten 2018 bringt für sie den Wendepunkt. Bei der Weihnachtsmesse treffen sie die Biopionierin der Gegend. Sie hat hier im Dorf den ersten Biohof aufgebaut, Biokisten an die Landbevölkerung ausgeliefert zu einer Zeit, als biologischer Landbau noch unüblich war. Sie vermittelt Lina an den Biohof im Dorf, der gerade jemanden zum Aufbau einer Gärtnerei sucht. „Es musste ja alles erst geplant werden. Eine schöne Aufgabe." In einem Dokumentarfilm über die Anfänge auf dem Biohof sieht man Lina beim Urbarmachen einer Grasfläche. Mühsam wühlt sie sich mit dem Spaten durch den steinigen Sandboden und spricht schweißgebadet ein paar kluge Sätze über den Sinn von Arbeit in die Kamera. Da wohnt sie schon im Bauwagen neben dem Haus ihrer Mutter.

Wie läuft das Zusammenleben der beiden Frauengenerationen eigentlich ab? „Am Anfang war es sehr schwierig. Wir haben ja vierundzwanzig Jahre lang nicht zusammengelebt. Und dann musste ich feststellen, dass meine Mutter auch nicht immer so stark ist, wie ich sie von meiner Kindheit her in Erinnerung hatte." Lina sucht bei ihrer Mutter nach ihrer schwierigen Zeit eine Nähe, die diese anfangs nur schwer zulassen kann. Zu lange lebte sie schon allein, hatte ihren eigenen, eingespielten Alltag. „Jetzt sind wir beide wiederum ganz schön eingespielt", erklärt Lina. Sie hilft der Mutter bei der Versorgung ihrer Schafherde und bei den Alltagsangelegenheiten. Es wird zusammen gekocht und gegessen. „Aber ich mache auch nicht alles. Letzte Weihnachten habe ich ein paar Schafe zum Schlachten gebracht. Dieses Jahr habe ich mich geweigert. Ich kann nicht die Tiere töten und essen, denen ich selbst Namen gegeben habe. Das fühlt sich einfach Scheiße an." Lina spricht geradeheraus. Sicher ist ihre Mutter nicht anders. „Ja wir sind zwei Sturköpfe", bestätigt sie. Sie sind sich sonst aber in vielem einig, haben die gleiche Einstellung, was den Schutz der Natur betrifft. Sie lieben beide Tiere und sind für einen achtsamen Umgang mit ihnen, aber natürlich auch mit anderen Menschen und vor allem mit sich selbst. Jetzt, wo die Mutter älter wird, ist sie froh, dass sie nicht nur eine „coole Frauen-Crew“ sind, sondern dass die Tochter sie auch im Alltag unterstützt. Gerade wird das obere Stockwerk ausgebaut, damit Lina dort einziehen kann, sollte sie jemals ihren geliebten Bauwagen verlassen wollen. „Das ist auch Schicksal, dass ich jetzt hier bin und für sie im Alter da sein kann. Ich hatte mir da nie Gedanken drüber gemacht.“ Ist jetzt nicht auch langsam Zeit für einen neuen Partner in Linas Leben? Lina kann sich das schon vorstellen. Insgeheim hatte sie gehofft, dass ihr bei der neuen Arbeit jemand über den Weg läuft. Aber sie ist auch wählerisch geworden. „Ich habe ja jetzt ein ganz anderes Selbstbewusstsein als früher. Das muss schon passen.“ Sie wirkt nicht unglücklich. Ich habe eher den Eindruck, dass sie ihre Freiheit zu schätzen weiß. Mit den Dreadlocks wird sie von anderen sicher immer gleich als extrem alternativ eingeschätzt. „Ja, aber ich bin gar nicht so radikal. Ich bin noch nicht mal Vegetarierin“, kichert sie. Sie liebt Hausmannskost, macht sich nicht viele Gedanken über soziale Fragen und hängt auch mal im Internet fest. „Wirst du hier nicht ständig von Rechten angefeindet?“ – „Na, unser Nachbar ist schon ein Nazi, aber der grüßt ganz normal. Muss er ja. Ich bin ja die Tochter seiner Nachbarin“, antwortet Lina grinsend. Sie hat ganz klar etwas gegen rechts. Trotzdem hat sie wenig Probleme mit den Menschen hier, vielleicht auch, weil sie so geradeheraus ist. Das passt hierher. Auch wenn sie über den Begriff Heimat redet, ist sie auffallend pragmatisch: „Wenn ich zu Hause bin, habe ich Fernweh. Wenn ich in der Ferne bin, habe ich Heimweh." Lina ist mit ihren zweiundvierzig Jahren schon eine Weise geworden und ich bin mir sicher, dass das auch mit ihrer Arbeit, der Teilnahme am Kreislauf vom Werden und Vergehen der Pflanzen, zu tun hat.

## „Meine Ausbildung ist körperlich zu anstrengend für eine Frau“

Merle kenne ich genau. Mit Merle wohne ich in einer Wohngemeinschaft. Sie ist gefühlt halb so alt wie ich, steht jeden Morgen um sieben im Stall und sitzt abends noch beim Licht ihrer Schreibtischlampe über ihren Lehrbüchern zur Pflanzenkunde. Seit zwei Jahren macht sie ein duales Studium mit dem Ziel, Landwirtin zu werden, hat hier auf dem nahe gelegenen Biohof ihre dritte Stelle. Wenn sie beim Lehrgang „Schweinehaltung“ beim Schwänzekupieren assistieren muss, kann es bei der Vegetarierin schon einmal vorkommen, dass sie das Bewusstsein verliert. Aber dafür fährt Merle hervorragend diesen riesigen Traktor. Als ich mit dem Kaffeebecher bibbernd um sieben zwischen ihren Kolleginnen und Kollegen stehe, als wir anschließend im ersten Tageslicht im Rinderstall Silage verteilen, hinter uns das Gebrüll eines Traktorenmotors, kann ich ihre Faszination einigermaßen nachvollziehen. Man wird hier Teil von etwas, einem Team, einem natürlichen Kreislauf. Das Archaische dieser Arbeit hat auch etwas Freies. Etwas, das ganz im Gegensatz zur restlichen Arbeit in unserer Dienstleistungsgesellschaft steht. „Ich liebe die Arbeit draußen“, sagt Merle. „Ich bin immer bei den Tieren. Ich weiß gar nicht, was ich sonst den ganzen Tag machen soll.“ Mir fiele da schon etwas ein, denke ich, denke an wohltemperierte Innenräume.

Wie kam die zarte, kleine Merle mit der runden Brille eigentlich auf die Idee mit der Landwirtschaft?

Merle kommt aus einer ökologisch geprägten Familie und wächst mit ihren zwei jüngeren Brüdern in der Nähe von Hannover auf. Der Vater arbeitet in einer Klimaschutzagentur, die Mutter auf einem Lehrbauernhof für Kinder. Die Eltern haben ihr Haus mit den Jahren in ein Passivhaus umgebaut, mit atmenden Wänden und Solarenergie. Es klingt nach einer behüteten Kindheit. Einmal fahren sie in den Ferien in die Schweiz. Ein Freund der Familie verkauft damals Postkarten und porträtiert die Zweijährige, auf einer Kuh sitzend, auf der Alm. Die Postkarte verkauft sich gut in der Schweiz und wird später zu Merles Bestimmung. Als sie sechzehn ist, schaut sie sich dieses Bild wieder an und denkt, dass es so aussieht, als ob sie genau dort hingehöre. Aber sie weiß ja gar nicht, was die Arbeit auf einer Alm bedeutet, denkt sie, obwohl es im Bekanntenkreis sogar eine Käseweltmeisterin gibt. „Ich muss das lernen!" Sie beginnt in den Schulferien auf einer Alm in der Schweiz mit Milchvieh zu arbeiten, lernt Melken, Zaunbau, Holzmachen und Traktorfahren. Der Fotograf von damals, der wissen will, was aus seiner Porträtierten von den idyllischen Postkarten geworden ist, besucht sie dort und stellt fest, dass er wesentlichen Einfluss auf Merles Entwicklung genommen hat. „Die Arbeit gefiel mir. Aber mir war klar, dass sie körperlich sehr anstrengend für eine Frau ist und die Löhne vergleichsweise niedrig sind. Vor allem ohne Familienbetrieb im Rücken, den ich einmal erben kann ... Beim Abiball dachte ich dann plötzlich: Ach scheiß drauf! Ich probiere das einfach." Kurz zuvor hat sie ein Auslandsjahr in Kalifornien gemacht.

In der Gegend gibt es riesige Ranches mit Pferden und Rindern. Merle fällt auf, wie extrem die Unterschiede in der amerikanischen Gesellschaft sind. Ihre Gastfamilie kann sich teure Urlaube leisten, während einige ihrer Mitschülerinnen und Mitschüler mit ihren Familienmitgliedern in einem Wohnwagen leben. Die sozialen Ungerechtigkeiten im „Land der unbegrenzten Möglichkeiten" bleiben ihr lange im Gedächtnis. Vielleicht führt sie auch deswegen ihre nächste große Reise nach dem Abitur zu sozialen Projekten nach Indien. Nicht weil die Rinder hier heilig sind. „Ich wollte mehr von der Welt sehen. In welches Land ich reise, war mir eigentlich egal." Sie betreut in Indien körperlich beeinträchtigte Kinder im Schulunterricht, arbeitet in einem Waisenheim und wird Zeugin, wie Kinder zu Erziehungszwecken geschlagen werden. Sie fühlt sich machtlos. Es ist doch nicht so einfach, das Gute zu wollen, zu helfen. Sie versteckt sich eine Weile auf einer Bananenplantage, stürzt sich in die Arbeit. Die Farben, die Gerüche, die vielen Menschen, irgendwann wird es Merle zu viel, irgendwann ist sie froh, wieder nach Deutschland zurückkehren zu können, in das leise, farblose Land der Ordnung, und das Projekt „Landwirtin" endlich zu starten. „Man darf auch mal etwas abbrechen …", sagt Merle über diese Reise- und Arbeitserfahrungen.

Merles erste Station in der Ausbildung zur Landwirtin ist ein Biobetrieb mit sechzig Milchkühen in Ravensburg. Der Hof ähnelt dem Betrieb auf der Alm, auf dem sie als Kleinkind fotografiert worden war. Sie ist sich sicher, dass sie hier gut zurechtkommen wird.

Die Arbeitsabläufe sind ihr ja schon bekannt. Doch Merle irrt. Schnell gerät sie an den Rand der Erschöpfung, weil der Landwirt sie von morgens bis abends durch den Stall rennen lässt, statt ihr etwas beizubringen. In der Berufsschulklasse lernt sie ein Mädchen aus einem anderen Betrieb kennen, einem konventionellen, hochtechnisierten mit über zweihundert Milchkühen. Eigentlich will sie lieber in einem Biobetrieb arbeiten. „Aber der Chef hat so gut das Güllefass erklärt, hat sich so viel Zeit für uns Azubis genommen, dass ich dachte, da kann ich wirklich etwas lernen." Einen Monat lang geht das auch gut, dann hat sie Ärger mit der Frau des Chefs. Sie ist offensichtlich eifersüchtig auf die junge, drahtige Auszubildende, die den ganzen Tag mit ihrem Mann verbringt. Merle verlässt den Hof wieder. Da ein Verwandter an der Genossenschaft beteiligt ist, zu der der Biobetrieb im Dorf gehört, bewirbt sie sich anschließend hier für ein Praktikum. Sie arbeitet zur Probe und lässt sich einfach mal auf das Abenteuer im Osten ein, auch weil die Chefin hier eine Frau ist, „Und so cool!", grinst Merle. Seit dem vorigen Sommer macht sie den letzten Teil ihrer praktischen Ausbildung hier. Die Arbeit gefällt ihr. Sie liebt es, die großen Maschinen zu fahren, liebt die Arbeit mit den Rindern. Als Frau sei es manchmal aber auch schwierig, zum Beispiel, wenn sie ihre Tage habe und große Feldsteine schleppen soll. Dann kommt auch Merle an ihre Grenzen. Und wem soll sie sich mitteilen? Was soll sie tun, wenn sie dann den ganzen Tag auf dem Feld verbringt, ohne Toilette weit und breit? Vieles ist für Frauen einfach nicht gedacht. Ein ganz anderes Problem ist die Situation in der Berufsschule. Merle steht zwar auf „Sehr gut" in allen Fächern, aber es ist nicht einfach für sie in der Klasse. Es macht ihr zu schaffen, dass einige der Auszubildenden eine Lehrerin, die mit einem Migranten verheiratet ist, im Unterricht mobben. „Und das reicht denen noch nicht", sagt Merle. Sie schwärzen die Lehrerin anschließend bei der Schulleitung an, ihr Unterricht sei nicht sachgemäß. Merle weiß oft nicht, wie sie sich in diesen Konflikten verhalten soll. Sie will nicht im Schussfeld stehen. Sie will nicht den ganzen Tag über Rechts- und Linkssein nachdenken, sie will einfach nur etwas über Tierhaltung und Feldfrüchte lernen. „Aber das geht da nicht!", beschwert sich Merle. Sie ist froh, dass sie durch den Corona-Lockdown jetzt erst einmal eine Weile autodidaktisch weiterlernen kann. Sie hat viel lernen müssen dieses Jahr. Nicht nur über Landwirtschaft. Beim Abendessen fragt Merle uns Ältere in der Wohngemeinschaft, was für uns Glück bedeutet, und ich ahne, wie sie auf diese Frage kommt. Es ist ihr gerade ein wenig abhandengekommen, ihr Glück.

## „Ich entwerfe Powerdresses für Frauen"

Mit ihrem orangen Mantel und ihren feuerroten Haaren erkennt man Emelie schon von Weitem. Als ich sie zu einem Spaziergang mit den Frauen des Ortes einlade, ist sie zu spät, wie es sich für eine Künstlerin gehört. Ihr Mann hält mit quietschenden Reifen, und als sie in ihrem knalligen Felldress aus dem Auto steigt, bleibt den Dorffrauen der Mund offen stehen. „Was, die wohnt auch hier?", sagt eine von den Älteren zu mir. „Für wen hat sie geschneidert?", fragt eine andere aufgeregt. Fast alle kennen nur ihr Atelier im Dorfzentrum, das Tag und Nacht erleuchtet ist, sodass man, wenn man es nicht besser weiß, denken könnte, sie sitzt schon um sechs Uhr an ihren Näharbeiten. Aber es ist nur das Licht der benachbarten Fabrikhalle, das ihr verwaistes Atelier im Morgengrauen anstrahlt. Schneiderpuppen, Stofffetzen, Nähmaschine, Bügeleisen liegen jetzt dort, wo sich früher der Kälberstall der LPG befand. Die prominenteste Kundin der jungen Modedesignerin ist eine schwedische Prinzessin. Kleiner geht es bei Emelie nicht.

„Warum ist hier eigentlich alles so wahnsinnig groß? Bei uns ist alles ganz klein. Kleine Häuser. Kleine Straßen. Kleine Wälder. Ich glaube sogar, die Bäume sind kleiner." Die gebürtige Schwedin lebt seit zwei Jahren mit ihrer „kleinen" Familie im Dorf. Jetzt, wo nach dem Elternjahr die Arbeit wieder losgeht, verbringt sie aber einen Großteil ihrer Zeit in Stockholm bei Anproben. Acht Stunden Reise nimmt sie dafür in Kauf, um aus dem kleinen Dorf in Mecklenburg-Vorpommern zu ihren Kundinnen aus der schwedischen High Society und dem Musikbusiness zu gelangen. Die wirkliche Näharbeit macht Emelie aber lieber hier. Sie genießt dann die Ruhe und die Freiheit, die wiederum ihre Arbeit inspirieren. Emelie ist stolz auf ihre Karriere, die einmal in einer Kleinstadt als Tochter einer alleinerziehenden Mutter begonnen hat. „Ich bin dort schon rumgelaufen wie ein Freak." Sie lacht über ihren auffälligen Kleidungsstil, der sich auch in ihren designten Kleidern und Anzügen widerspiegelt. Das Gefühl, nicht wirklich an einen Ort zu passen, dieses Gefühl von damals, kommt hier im Dorf manchmal wieder hoch.

Schon in der Schule schlägt sie eine künstlerische Richtung ein, macht ihren Abschluss im Kunstzweig des Gymnasiums. Danach folgt eine Ausbildung zur Näherin. Sie entwirft Mode für Freunde und Bekannte, und schnell ist klar, wohin der Weg gehen wird. Doch erst einmal muss sie Erfahrung sammeln. Ihre erste Anstellung hat sie bei dem angesagtesten Brautausstatter von Stockholm. „Mir ist schwindelig geworden. Diese superreichen Frauen, der in ihren Augen ungenügende Körper, der wichtigste Tag ihres Lebens, das viele Geld! Und ich!" Emelie ist da einundzwanzig und selbst noch nie auf einer Hochzeit gewesen. Sie findet Heiraten anachronistisch. Dennoch wuselt sie aufopferungsvoll um die schmalen, die sperrigen Damenkörper herum, gibt psychosoziale Beratung, versucht vorsichtig, von Schnitten abzuraten, die nicht gut aussehen. „Du darfst nicht lügen, das merken die sofort. Sie wollen, dass du ehrlich bist." Ist dein eigener Körper zwischen diesen Frauen eigentlich ein wenig verschwunden? Hast du dich selbst noch gesehen? „Mir ist auf jeden Fall klar geworden, dass jede Frau ein Problem mit ihrem Körper hat. Egal wie viel Geld sie im Portemonnaie hat. Ich finde, man sollte mehr mit seinem Körper spielen." Wenn ich jetzt ihre Fotos auf Instagram anschaue, wie sie hochschwanger mit Orangenhaut in Strapsen posiert, ist es lustig, dass sie einmal so konventionell angefangen hat.

Nach dieser Arbeitsepisode in der High-Class-Brautfashion hat sie erst einmal genug von der praktischen Arbeit und schreibt sich an der Universität von Stockholm in Gender Studies, Mode und BWL ein. Sie probiert sich aus, versucht, eine gute Studentin zu sein. Aber nach einigen Jahren ist ihr definitiv klar: Sie liebt es, mit den Händen zu arbeiten. Mit den Büchern würde sie nicht glücklich werden. Sie beginnt, durch die Beziehungen, die sie mittlerweile geknüpft hat, für ein paar große Labels als Schneiderin zu arbeiten, und versucht nebenbei die eigene Marke zu etablieren. Bei ihren Kreationen setzt sie auf Genderfluidität, aber auch auf eine selbstbewusste Weiblichkeit. Inspiriert ist sie dabei von Vivienne Westwood, Alexander McQueen und Azzedine Alaïa. „Ich nenne es Powerdressing." Sie lacht. „Ich will nichts kaschieren und nicht, dass die Frauen wie Männer aussehen. Ich betone die weiblichen Attribute so, dass die Frauen kraftvoll aussehen, mächtig." Traditionelle Schnitte benutzt sie so, dass sie ihnen Unverwechselbares hinzufügt: ein rot geperlter, enger Nylonstoff, ein ausladender Puffärmel, Schnürungen, Schleier, Umhänge, die Frauen werden zu Superheldinnen in schimmernder Seide. Emelie stattet Filmregisseurinnen für den roten Teppich aus, schwedische Royals für den Nobelpreis, aber auch das genderfluide Pop-Duo „The Knife“ gehört zu ihren Kundinnen und Kunden. Die Arbeit ist sehr aufregend. Die Erwartungen und der Zeitdruck sind oft hoch. Irgendwann kommt die finale Anprobe. „Es gibt nichts Besseres als diesen Moment! Wenn sie sagen ‚Ach, ich lass das gleich an!‘, weißt du, du hast alles richtig gemacht. Dann stehe ich da und muss erklären, dass ich es wieder mitnehmen muss, um die letzten Änderungen zu machen. Dieses traurige Gesicht dann …“

Sie ist fasziniert von ihrer Arbeit, von der Transformation von Frauentypen durch modische Eingriffe. Würde sie auch Männer einkleiden? „Ja, aber ich mache keine klassischen Anzüge. Wenn die Männer sich auf diese feminine Reise einlassen, dann gerne.“ Sie erinnert sich, dass sie einmal ein Kostüm für eine Tänzerin nähte. Während sie die Stoffbeschaffenheit und die Schnitte im Auge hatte, war für die Bühnenkünstlerin etwas ganz anderes wichtig. „Als sie das Ding anhatte, wälzte sie sich über den Boden, um zu sehen, ob die Nähte hielten. Dann legte sie sich auf den Rücken und spreizte die Beine im Spagat. ‚Can you see my vagina?‘ Das war es, was ihr an dem Kostüm wichtig war.“ Emelie hält sich den Bauch vor Lachen.

Vor zwei Jahren ist sie zum ersten Mal im Dorf. Da ist sie noch keine Mutter. Da trinkt sie Aperol Spritz mit Freundinnen und Freunden am See und geht viel spazieren. Das Corona-Virus ist noch nicht in Sicht und sie trifft viele Menschen aus Berlin hier im Dorf, mit denen sie und ihr Freund eine gute Zeit verbringen. So genießt sie das langsame Vergehen von Zeit, sieht es als angenehmen Kontrapunkt zum Stadtleben. Sie lässt sich auf das Wagnis ein, hier eine Existenz aufzubauen. Sie finden ein Haus zur Miete und richten sich nach und nach ein. Emelie wird schließlich schwanger. Bisher ist sie noch oft zwischen Schweden und Deutschland hin- und hergereist. Doch jetzt kommt der Lockdown und ihr Leben, das bis dahin im Takt der Aufträge und Kunst-Events ablief, steht plötzlich still. Es gibt keinen Besuch mehr im Dorf, weder aus dem benachbarten Ausland noch aus der Stadt noch vom nächsten Nachbarn. „Das war schwierig für mich", erklärt sie, die so gesellig ist, gerne lacht und für die eine gut verbrachte Zeit immer mit Menschen zu tun hat. Andererseits nimmt sie aber auch ihr neues Leben mit Baby ganz in Anspruch. „Ich musste sehr viel lernen im letzten Jahr", sagt sie und meint damit nicht nur die deutsche Sprache, sondern vor allem Geduld. Was liebt sie eigentlich hier besonders? Einen langen Arbeitstag in ihrem Atelier im Dorfzentrum und wenn der Tag sich dann dem Ende zuneigt. „Wie sagt man? Feierabend? Feierabend und ein kaltes Bier!"

## „Ich habe für alles einen Plan“

Marieke ist in meinem Alter. Sie kommt aus dem Nachbarort und hat schon immer hier in der Gegend gewohnt. Wenn man sie beim Spazierengehen trifft, kreist ihr Sohn mit seinem Fahrrad wie ein Satellit um sie herum. Trifft man sie zu Hause, sind es die zwei riesigen Hunde, ein Labrador und ein Altdeutscher Schäferhund, die hinter Mariekes Rücken vor der Glasscheibe auf und ab springen, die Pfoten so groß wie Bärenpranken. Alle wollen etwas von Marieke. Auch die Tochter, die uns gleich in ihr Spielzimmer führt und erst einmal den Fußboden mit Spielsachen bedeckt. Marieke wohnt mit ihrem Freund in einer Doppelhaushälfte im Ortskern und lacht verschmitzt, während sich um sie herum die Welt dreht. Sie hat diese kleine Welt im Griff, schließlich ist sie Buchhalterin. „Aber du kannst dir sicher vorstellen, wie das hier im Home-Office war …!“ Die Corona-Pandemie stellt sie vor große Herausforderungen. Sie erinnert sich nicht nur an die Schwierigkeiten beim Homeschooling, an zusammenbrechende Internetverbindungen und die Herausforderung, ohne digitalisierte Akten ihre Arbeit zu erledigen. Mariekes ganze Familie hat sich eines Tages auch selbst mit dem Virus angesteckt und gelangt in eine anstrengende Phase. An einem dieser Krankheitstage nimmt sie sich das Buch, das ich ihr zum Schreiben geschenkt habe, zur Hand und beginnt ein Tagebuch über ihre Corona-Isolation zu führen.

*Corona-Tagebuch / Ich organisiere unsere Krankheit*

*5.12.2021, Tag 0*
*Ich liege mit Druck in den Nasennebenhöhlen und Kopfschmerzen auf der Couch, meist schlafend.*
*Dachte, es sind die Vorboten der nächsten Migräne.*

*6.12.2021, Tag 1*
*Ich fahre vor der Arbeit zur Apotheke, um mich testen zu lassen. Die Dame, die mich getestet hatte, rief mich diskret zu sich: POSITIV! zischt sie mir ins Ohr.*
*Auf dem Heimweg rufe ich meinen Chef an, der mir mit einem Grinsen in der Stimme sagt, dass er auch positiv ist, was mich auch wieder etwas schmunzeln ließ.*
*Nachdem ich beim PCR-Test war, kamen die Fragezeichen in meinem Kopf.*
*Muss ich die Kinder sofort nach Hause holen?*
*Nein, die Quarantäne beginnt ja erst, wenn das positive Ergebnis vorliegt.*
*Einkaufen? Ich muss noch einkaufen!*
*Meine Eltern fahren für uns einkaufen und D. besorgt die Getränke.*
*Das Testergebnis ist am Abend noch nicht da.*
*Dürfen die anderen morgen das Haus verlassen? Eigentlich ja, aber kann ich es mit meinem Gewissen vereinbaren? Nein!*

*7.12.2021, Tag 2*
*Kinder von der Schule und Kita abgemeldet.*
*Noch kein Ergebnis.*
*Vorsorglich beim Arzt angerufen, für D. seine Krankschreibung besorgt … meine Eltern holen seine und meine ab.*

*Termine … ich muss alle Termine verschieben … aber was ist, wenn der PCR-Test doch negativ ist?*
*Erstmal die Termine für heute absagen.*
*Abends ploppt das Handy auf … Positiv.*

*8.12.2021, Tag 3*
*Restliche Termine für die nächsten Tage abgesagt oder verschoben.*
*Ach ja, mir geht es soweit gut, leichte Erkältung. Zu viel machen darf ich trotzdem nicht, es ist alles doch etwas anstrengender als sonst.*
*Ich beobachte schon den ganzen Tag die Temperatur im Haus und die Heizungsanlage. Die Anlage springt nicht in den Heizbetrieb. Das hatten wir schon mal.*
*Über Fernwartung mit dem Heizungsmonteur hab ich die Anlage wieder zum Laufen gebracht, also zumindest funktioniert der Heizbetrieb wieder. Für Warmwasser muss ich erst wieder einen kleinen Motor anbauen und danach wieder abmontieren. So bekommen wir die nächste Zeit überbrückt, bis der Monteur, ohne Gefahr zu laufen, sich anzustecken, zu uns kommen kann.*

*9.12.2021, Tag 4*
*Wir haben schon im Oktober Sperrmüll angemeldet, wir haben den 10.12.2021 zugeteilt bekommen.*
*Da vor unserem Grundstück nicht genügend Platz ist, stellen wir es immer auf die andere Straßenseite, doch nun sind wir in häuslicher Quarantäne. Mir wurde im Frühjahr erklärt, dass es häusliche Quarantäne heißt, weil man das Haus nicht verlassen soll. Der Aufenthalt auf dem eigenen Grundstück ist nur „geduldet“.*

*Nun verlassen wir nicht nur das Haus, sondern auch das Grundstück, machen wir uns jetzt strafbar?*
*Hier ist ja zum Glück nicht viel los, doch was ist, wenn nun doch jemand vorbeikommt?*
*Am Abend schneit es auch noch … Wir sind verpflichtet, den Bürgersteig frei zu halten, doch dazu müssen wir wieder das Grundstück verlassen. Was zählt nun: Pflicht oder Anordnung?*
*Die nächsten Tage verliefen eigentlich recht ruhig, die Einkäufe kamen frei Haus, das Telefon klingelte öfter als sonst, die Kinder auf Abstand zu halten, klappte immer besser, D. verlor ebenfalls Geruch und Geschmack.*

*13.12.2021, Tag 8*
*Ich stelle fest, dass D., rechnerisch, schon am Freitag zum PCR gemusst hätte. Aber gut, dann halt heute.*
*Ich habe immer noch keine Info vom Gesundheitsamt, aber die Online- Kontaktnachverfolgung habe ich schon ausgefüllt.*
*Nach 10 Anrufen beim Bürgertelefon ging endlich ein netter Herr ran, mit dem ich einen Teil meiner Fragen klären konnte. Nach 13 Minuten sagte er mir, dass das Telefonat gleich automatisch beendet werden würde.*
*Natürlich habe ich die entscheidende Frage vergessen: Beginnt die Quarantäne neu, wenn D. positiv ist?*
*Kurz vor Mittag bekam ich die Praxishilfe ans Telefon: D. kann heute zum PCR.*

*14.12.2021, Tag 9*
*Abends kommt das Ergebnis, D. ist positiv.*
*Der Schnelltest der Kinder ist immer noch negativ. Ich werde sie Montag nochmal testen.*

*Wir haben nur noch 4 Tests zu Hause, man bekommt die so schlecht momentan, deshalb erst Montag, und wenn sie negativ sind, fahren wir gleich zur Apotheke zum Testen, damit wir einen Nachweis haben und die Quarantäne aufgehoben wird… Ich weiß zwar immer noch nicht, offiziell, wie es sich mit der Quarantäne verhält, aber ich habe einen Plan.*

*17.12.2021, Tag 12*
*Die letzten Tage vergingen recht schnell, mein Geschmack und Geruch kommen langsam zurück.*
*Heute ist Freitag und ich weiß noch nicht, ob meine Quarantäne am Sonntag oder Montag endet. Überall lese ich, dass die Quarantäne durch das Gesundheitsamt beendet wird. Darf ich denn einfach aus der Quarantäne, wenn ich keine Info habe?*
*Wie lange ist D. eigentlich in Quarantäne? Bis Heiligabend, das wären 14 Tage nach den ersten Symptomen, oder erst nach Weihnachten?*
*Was ist eigentlich mit Weihnachten?*
*Optimistisch betrachtet, sind die Kinder und ich wieder „frei", aber können wir das Virus noch übertragen? Geht man das Risiko ein?*
*Den Tannenbaum haben D. und die Kinder zum Glück schon am 7.12., vor dem Testergebnis, ausgesucht. Wir müssen nur noch schauen, wie wir den rechtzeitig nach Hause bekommen.*
*Nächste Woche Montag und Dienstag sind Home-Schooling-Tage, von den anderen Tagen hat F. die Aufzeichnungen schon vervollständigt.*
*Ich hoffe, dass die Menge der Aufgaben sich im Rahmen hält …, obwohl …, F. hat jetzt genug Pause gehabt.*

*Ach, ob der Papa von P.s Kita-Freundin dran gedacht hat, die bemalten Kugeln in der Kita abzugeben, für das Weihnachtsgeschenk der Erzieherin …? Mit Sicherheit hat er daran gedacht.*
*Nach langer Zeit haben wir eine Möglichkeit gefunden, F.s kaputtes Rad zu reparieren, so kann er seinen Bewegungsdrang nach der Quarantäne wieder ausleben.*

*18.12.2021, Tag 13*
*Ob wohl auf Arbeit alles geklappt hat mit den Weihnachtsbeutelchen? Ich hatte mich schon darauf gefreut, die fertig zu machen. Nun dürfen es meine Kolleginnen machen.*
*Montag muss ich mich nochmal um das Elster-Zertifikat kümmern und schon mal den Lohn rechnen. Dann kann ich mich nächste Woche auf Arbeit gleich um die Buchhaltung kümmern.*
*Heute Nachmittag backen wir noch Plätzchen … Weihnachtsgeschenke … Was ist mit den Weihnachtsgeschenken? Ich muss die noch einpacken, aber packe ich das Virus dann mit ein?*

*20.12.2021, Tag 15*
*Unsere Schnelltests sind heute alle negativ, die Kinder und ich machen uns auf den Weg nach Löcknitz. Dort bescheinigt uns die Apothekerin das, was wir schon wissen. NEGATIV!*
*Nun kann ich endlich wieder alleine einkaufen und alles erledigen, was so ansteht.*
*D. muss noch bis einschließlich Donnerstag aushalten … Doch dann kann Weihnachten kommen.*

Mariekes Leben ist in der Pandemie komplex geworden. Ihr Alltag hat sich in dieser Zeit noch weiter verdichtet. Obwohl sie eigentlich ein Leben führt, das dem Leben der Älteren hier im Dorf nicht unähnlich ist. Abgesehen vom Internetzugang. Sie führt ihren Haushalt, geht in Teilzeit arbeiten und versorgt ihre Kinder. Im Frühjahr kauft die Familie drei Schweine, die über das Jahr gemästet werden, um sie im Herbst zu schlachten. So geht das jedes Jahr. Auch ihren Freund hat Marieke auf „traditionelle" Art kennengelernt, wie sie es lachend bezeichnet. „Er ist immer mit dem Traktor durch unseren Ort gefahren", sagt sie. „Drei Jahre lang. Dann habe ich mich getraut, den ersten Schritt zu machen. Er hat später darüber gesagt: ‚Die ist noch so jung. Da fahre ich noch eine Weile weiter dran vorbei.'" Eine Bekannte gibt ihr die Nummer von ihrem zukünftigen Mann, der damals noch als Melker arbeitet, und sie verabreden sich am See. „Wir waren aber nicht ganz allein, wie ich es mir vorgestellt hatte", kichert Marieke. Nach ein paar Minuten taucht der beste Freund ihrer Verabredung auf und auch sie hat ein „Back-up", wie sie sagt. Ihre beste Freundin ist am Handy erreichbar, würde sie retten, wenn sie nicht weiß, was sie sagen soll. Eine aufregende Situation, „Pubertät halt", sagt Marieke dazu. Die beiden sind sehr schüchtern. Sie schreiben sich in den nächsten drei Monaten erst einmal nur SMS. So lange dauert es, bis sie sich überhaupt einmal wiedersehen. „So ist das hier", sagt Marieke. „Man hat wenig Möglichkeiten, sich unverbindlich kennenzulernen." Und so geht es auch mir. Wenn man sich schon einmal begegnet, ist die Begegnung immer bedeutsam für beide, Ausgesprochenes wird hier eher verbindlich als in der Stadt. Als das junge Paar ein Dreivierteljahr nach dem ersten Date endlich zusammenkommt, geht Marieke noch aufs Gymnasium. Obwohl sie so jung ist, ist sie schon nach kurzer Zeit voll in der Familienplanung. Als sie mit siebzehn tatsächlich schwanger wird, wie es für die anderen Frauen, die ich interviewt habe, zu DDR-Zeiten normal war, wird es jetzt in der Schule zu einem kleinen Skandal. Sie ist nur eine von zwei jungen Müttern in der Abschlussklasse. Für die anderen ist es zunächst befremdlich, aber dann helfen sie ihr, auch die Lehrenden, die Abiturprüfungen zu organisieren und durchzustehen. Denn Marieke will einen guten Abschluss machen. Wenige Monate nach der Geburt ihres Sohnes geht sie zur mündlichen Abiturprüfung in Geschichte. Sie hat sich vorbereitet, sie war fleißig und besteht. Marieke ist stolz. Die andere Mutter in der Klasse hat die Schule schon vor einiger Zeit ohne Abschluss verlassen.

Marieke wollte eine kleine Familie. Sie will aber auch ihr eigenes Geld verdienen. Sie macht jetzt für ihr Leben einen vernünftigen Plan. Eigentlich wollte sie einmal Erzieherin werden. Nun überlegt sie sich etwas Lukrativeres, beginnt eine Ausbildung zur Steuerfachangestellten in Ueckermünde. Um 6.30 Uhr gibt sie ihren kleinen Sohn bei der Tagesmutter ab und setzt sich ins Auto. Um 17 Uhr ist sie zurück bei der Tagesmutter. Die langen Tage machen sie müde, und irgendwann ist klar: So geht es nicht weiter. Sie braucht einen ruhigeren Alltag. Sie findet schließlich einen Ausbildungsplatz, der näher an ihrem Zuhause ist, und obwohl die Chefin oft hart mit ihr umgeht, ist jetzt alles einfacher. Sie muss nur über die Straße, um bei der Arbeit zu sein.

Das zweite Kind plant Marieke besser. Sie kann im ersten Schuljahr des Sohnes mit ihrer Tochter wieder in Elternzeit gehen. Als ich jetzt mit ihr rede, hat sie schon seit vielen Jahren eine neue Anstellung, die ihr gut gefällt: in einem Landwirtschaftsbetrieb in der Buchhaltung. Jetzt, wo der Chef den Betrieb verkauft hat, um in Ferienwohnungen und einen Supermarkt zu investieren, geht sie mit und stellt sich den neuen Aufgaben. „Außerdem bin ich die Expertin für Präsentkörbe. Ohne mich läuft das nicht!" Sie lacht. Die neue Arbeitsstelle ist nicht die einzige Neuigkeit im neuen Jahr. Marieke wird dieses Jahr endlich heiraten. Und hier unterscheidet sich ihr Leben doch fundamental vom Leben der anderen Frauen im Dorf. Denn für ihren Freund ist erst jetzt der richtige Zeitpunkt für eine Heirat. Es wird eine traditionelle Dorfhochzeit werden, „mit allem Drum und Dran!", im Schloss. In aller Heimlichkeit wird im Dorf für Marieke schon alles für diesen Tag vorbereitet. Denn im Bürgersaal des Schlosses, wo früher Adlige und anschließend Flüchtlingsfamilien gewohnt haben, wo später der Schlaf- und Sportsaal des Kindergartens war, wird heutzutage für Hochzeiten ein mobiles Standesamt eingerichtet. „Ich liebe diesen Ort", sagt Marieke. „Er ist so alt!" Der Saal mit seiner Holzvertäfelung und dem Wappen der einstigen Gutsbesitzerfamilie strahlt eine besondere Atmosphäre aus. Etwas Erhabenes, etwas, das mich selbst eher erdrückt. Denn die Trophäen, die hier aufgereiht an der Wand hängen, die Hirschgeweihe von Zwölfendern, sind für mich einfach nur Totenschädel.

Was denkt Marieke eigentlich über den Unterschied zwischen Männern und Frauen? „Ich erziehe ja einen Mann, meinen Sohn, und ich finde, dass die schon ganz schön sensibel sind, sensibler als Mädchen. Das wirst du auch noch merken. Von daher ist es seltsam, dass sie so auf Härte trainiert werden." Ich bin noch zu kurz Mutter, um sie wirklich zu verstehen, aber die anderen Frauen in der Runde nicken. „Mädchen sind viel robuster!" – „Am meisten schätze ich an meinem Sohn, dass er zu mir sagte, als ihm der Müllsack durchgerissen ist: ‚Frauenarbeit ist ganz schön anstrengend!'"

## „Bei der Arbeit spiele ich den Boss, aber ich wäre lieber, wie ich bin“

Claudia ist die schönste Frau im Dorf. Ich kann das sagen. Ich habe ja alle kennengelernt. Ich kokettiere. Aber wenn Claudia mit dem Fahrrad über den Dorfplatz führe, würden sich alle umdrehen. Was natürlich voraussetzen würde, dass der Dorfplatz hier belebt wäre. Denn Claudia hat blonde Locken und einen stechenden Blick. Sie ist aus Italien, und in einem Fellini-Film käme diese Szene sicherlich vor. Nur hier in Mecklenburg-Vorpommern geht es weniger sinnlich zu. Das weiß auch Claudia, die Architektin ist und immer wieder das Gefühl hat, sich den Bauarbeitern gegenüber beweisen zu müssen. „Sie müssen dich akzeptieren. Sonst wartest du ewig darauf, dass etwas fertig wird.“ Ich kann mir vorstellen, dass ihr das gelingt, denn sie wirkt nicht so, als ließe sie sich leicht beeindrucken. „Es ist so anstrengend, wenn man immer den Boss spielen muss. Ich wäre lieber, wie ich bin“, gesteht sie. Ich weiß, was sie meint. Als Frau kommt man immer wieder in die Situation, dass die eigene Arbeit und die damit verbundene Rolle nicht ernst genommen wird, ganz egal welche Referenzen man hat. Was dazu führt, dass man den ganzen Tag damit beschäftigt ist, männliche Attribute vor sich herzutragen. Ich freue mich, dass Claudia darüber redet. Claudias stechende Augen haben auch einen klaren Blick auf die Dinge.

Geboren ist sie in Neapel, einer Stadt in Süditalien. Ihre Familie wohnt noch immer in einem Hochhaus in einem Vorort, und hier spielte sich auch die Kindheit und Jugend von Claudia ab. Beide Eltern arbeiteten im nahegelegenen Krankenhaus. Ihr Vater bekam für das Krankenhaus den ersten Computer der Stadt Neapel, so die Legende, und bildete sich selbst zum Informatiker weiter, gab später Kurse an der Universität. Die Mutter war zeitlebens Laborassistentin. Gut in Erinnerung hat Claudia die melancholischen Winter in Italien. Die Familie hat ein kleines Haus in einem Naturschutzgebiet am Meer. Dort unternehmen sie im Winter in der milden, feuchten Mittelmeerluft lange Strandspaziergänge. Claudia liebt das. Vielleicht hält sie deswegen auch die Winter in Mecklenburg-Vorpommern so gut durch. Sie ist sensibel für das Besondere, interessiert sich schon früh für Malerei. „Eine Zeit lang wollte ich eine radikale Malerin werden und in Paris auf einem Boulevard sterben!", erklärt sie, „Dann habe ich mich in die Architektur von Antoni Gaudí verliebt." Die Eltern ermuntern sie dazu, selbst Architektin zu werden. Sie überlegt, ob sie sich in Rom an der Universität bewerben soll. Doch in Italien sind die Mietpreise hoch und so beschließt sie, wie viele ihrer Freundinnen und Freunde, während der Studienzeit bei den Eltern wohnen zu bleiben und in Neapel zu studieren. Außerdem kann sie hier weiter zum Ballett gehen, ein Hobby, das ihr immer wichtig war. Wie seltsam, dass diese zarte italienische Balletttänzerin jetzt tagtäglich zwischen großen, schweren deutschen Männern auf der Baustelle steht.

Claudia ist ein fleißiger Mensch. Und doch wünscht sie sich nach vielen Jahren Architekturstudium, anspruchsvollen Prüfungen und nächtelangem Modellbauen eine Veränderung. Sie freut sich auf ihr Erasmus-Jahr in Deutschland. Es muss Berlin sein. Darunter geht es nicht! Alle wollen dorthin. Claudia ist nur eine von ihnen. Sie erlebt dann auch genau das, nur eine von vielen zu sein. Denn in dem unfreundlichen, grauen Berlin mit der abgehackten deutschen Sprache und den weniger sozialen Deutschen geht es der Italienerin erst einmal schlecht. „Die Stadt ist im Winter so abweisend … Sie hat nicht auf mich gewartet“, sagt sie heute. „Aber im Frühling ändert die Stadt ihr Gesicht. Das Leben auf der Straße und die ganzen Freaks …“ Sie genießt das. Kaum ist das Leben für Claudia in Berlin richtig losgegangen, tritt auch schon das Studium, treten die früheren Ziele in den Hintergrund. Schnell hat sie einen Job als Bedienung in einer angesagten Bar, arbeitet am Wochenende im Berghain an der Garderobe und kann sich so ihr Leben in der Metropole gut leisten. Zum ersten Mal fühlt sie sich wirklich unabhängig und frei von ihrer Familie. Es war ihr bis dahin gar nicht so bewusst, dass sie immer in einem Abhängigkeitsverhältnis stand. „Seitdem ist es mir wichtig, auf eigenen Füßen stehen zu können.“

Als Claudia das Partyleben überhat, erinnert sie sich wieder an ihre Diplomarbeit. Sie beschäftigt sich intensiv mit der Geschichte des Tempelhofer Feldes, dem ehemaligen Flughafen und der Idee von „passiver Architektur“. „Damals stellte man sich die Frage, was aus diesem Platz einmal werden könnte. Man kann sagen, ich habe es vorhergesagt“, schmunzelt sie. Denn als sie später bei der Verteidigung ihrer Diplomarbeit gefragt wird, was sie mit dem Tempelhofer Feld machen würde, erklärt sie, sie würde es den Menschen und ihren Ideen überlassen. Sie hat ein paar Wakeboarder in ihre Präsentation eingebaut, Kleingärten und spielende Kinder. „Und schließlich ist es heute genau so gekommen!“ Auf den ehemaligen Rollbahnen des Flughafens Tempelhof fährt man heute Inlineskates. „Und das ist noch die fantasieloseste Fortbewegungsform, die man dort sehen kann“, lacht sie. Claudias Verteidigung ihrer Diplomarbeit wird in Neapel ein richtiges Event. „So viele Leute kamen dahin. Sie haben sich alle für diese neue Art, Architektur zu betrachten, interessiert. Und natürlich für Berlin. Ich war richtig hip!“ Sie lacht. Ich kann mir schon vorstellen, dass es etwas Besonderes war. Ihre Kommilitoninnen haben sich wahrscheinlich mit italienischen Renaissance-Palästen befasst, während Claudia sich seitenweise Gedanken über eine deutsche Brachfläche machte.

Ihr beruflicher Weg führt sie wieder nach Berlin. Sie will hier mit ihrem Freund leben und arbeiten. Das ist ihr in der Zeit ihres Erasmus-Aufenthaltes klar geworden. Italien ist ihr zu eng. „Und dieses Dorf hier, wo wir gerade sind?“ – „Ja, das ist jetzt seltsam, dass es so gekommen ist. Denn ich denke manchmal: Oh nein! Ich bin wieder in einem Kaff gelandet. Da wollte ich doch immer weg ...“ Sie erklärt mir jetzt, was sie dazu bewogen hat, hier zu arbeiten. Und ich lerne etwas über Großstadtbüros und deutsche Gründlichkeit, mit der ich auch immer so meine Schwierigkeiten habe. „Manchmal hatte ich mehr Stress damit, deutsche Verhaltensregeln zu verstehen und zu befolgen, als mit der eigentlichen beruflichen Herausforderung." In den hippen Architekturbüros Berlins zählt man als Berufsanfängerin nicht viel, weiß Claudia. „Nachhaltiges Bauen war denen auch ziemlich egal. Mir aber nicht." Ihre Meinung wird oft nicht gehört. Eine Zeit lang überlegt sie, ob sie zu „Architekten ohne Grenzen" gehen soll, um in Krisengebieten zu helfen, Notbehausungen zu bauen und Häuser nach Kriegen wieder instand zu setzen. Sie hat im Studium Erfahrungen in Mali gesammelt. Aber die finanzielle Vergütung ist bei NGOs für einen jungen Menschen nicht ausreichend. Sie will nicht mehr von irgendjemandem finanziell abhängig sein. Ihr Freund baute gerade sein Unternehmen im Dorf auf. Er produziert Tortillas aus Biomais. Über ihn hört sie, dass eine Genossenschaft, die mehrere Biohöfe betreibt, eine Architektin sucht. „Als sie mir erklärt haben, was genau sie suchen, habe ich gesagt: Ihr braucht ein Architekturbüro. Ich schaffe das nicht." Jetzt, wo sie sich darauf eingelassen hat, denkt sie manchmal, sie hatte damals Recht mit ihrer Einschätzung. Denn sie ist oft erschöpft. Sie muss mehrere Projekte gleichzeitig betreuen, ist Planerin, Bauleiterin und Architektin in einer Person. Dazu kommen der aktuelle Baustoffmangel und die Schwierigkeit, Handwerker zu finden. „Mit den Unternehmen hier arbeiten wir aber in der Regel sehr gut zusammen, und es ist toll, die Ergebnisse zu sehen." Aber manche Projekte dauern der ungeduldigen Claudia zu lang. Ihr erstes Projekt von 2019, ein Ferienhaus am Haff, wird erst in diesem Jahr zum Abschluss kommen. Ein anderes Problem sieht Claudia auf politischer Ebene. „Ich werde nicht mit Firmen zusammenarbeiten, die offen rechts sind." Als ihr bei einer Baustellenbesichtigung ein Arbeiter mit den einschlägigen Tattoos der rechten Szene auch noch einen Zollstock mit AfD-Werbung in die Hand drückte, um ein Fenster auszumessen, schrillten ihre Alarmglocken und sie schrieb der Firma eine Absage: „Wir werden rechtes Gedankengut nicht unterstützen." Daraufhin rief der Firmenchef an und fragte, wie sie darauf komme, dass sein Unternehmen rechts sei. Sie antwortete, sie sei zwar eine Frau und auch eine Italienerin, aber sie könne schon eins und eins zusammenzählen. Claudia zieht klare Grenzen.

Auch am Wochenende zieht sie so eine klare Grenze. Jeden Freitag fährt sie mit ihrem Freund nach Berlin, um ein paar Kilometer zwischen sich und die Arbeit zu bringen. So kriegt sie den Kopf frei. Es kann sein, dass man sie am Sonntagvormittag dann an der Garderobe im Berghain trifft. Denn dort sitzt sie oft zu ihrem Vergnügen, arbeitet ein wenig und trifft vor allem alte Bekannte. „Ich habe mir in meinem Leben eines geschworen: Ich werde nur noch dort arbeiten, wo es mir Spaß macht."

## Die Autorin

Gertje Graef, 1985 geboren, studierte Medizin in Hannover und Theaterregie in Frankfurt am Main. Sie arbeitete als Regieassistentin und Regisseurin am Theater Lübeck. 2019 war sie mit ihrem Romanprojekt *happy hunting ground* in der Autorenwerkstatt des Literarischen Colloquium Berlin eingeladen und veröffentlichte in *Sprache im technischen Zeitalter*. Sie lebt in Leipzig.

# Inhalt